Robert W.

Autismus - Andersartigkeit, Behinderung oder Gabe?

Bibliografische Information der Deutschen Nationalbibliothek: Die Deutsche Nationalbibliothek verzeichnet diese Publikation in der Deutschen Nationalbibliografie; detaillierte bibliografische Daten sind im Internet über dnb.dnb.de abrufbar.

© 2019 Robert W.
Herstellung und Verlag:
BoD – Books on Demand, Norderstedt
ISBN: 978-37-4946-806-5

INHALT

Vorwort

Stellen Sie sich vor, Sie befahren mit Ihrem Auto eine Ihnen bekannte Strecke. Ihre Fahrt führt Sie über das flache Land, es passiert nicht viel, das niedrige Verkehrsaufkommen verlangt Ihnen nicht viel Aufmerksamkeit ab, ebenso wenig die Streckenführung, meist geht es geradeaus, ab und an ein paar Kurven, ihre Fahrt verläuft ähnlich unspektakulär wie schon zahlreiche zuvor. Um sich nicht zu langweilen, haben Sie das Radio an und auch für die Landschaft, durch die Sie fahren, haben Sie hin und wieder ein paar Blicke übrig.

Dann der Schock: Sie haben Sich allzu intensiv mit den Reizen der Landschaft beschäftigt und nicht sofort erkannt, dass sie auf ein Stauende zufahren. Nun schießt Ihnen der Schreck in alle Glieder, Sie umklammern das Lenkrad und steigen in die Eisen. Für ein paar Sekundenbruchteile wissen Sie nicht, ob sie noch vor dem Stauende zu stehen kommen, Sie sehen nur noch das Heck des letzten Fahrzeugs auf sich zukommen. Dann ist Aufatmen angesagt: Sie kamen doch noch gerade rechtzeitig zum Stehen. Sie können Ihre Fahrt, wenn zunächst auch mit ein wenig Herzklopfen, doch noch wie geplant fortsetzen.

Anhand dieser kleinen Geschichte möchte ich Ihnen den Unterschied von zwei verschiedenen Formen von Wahrnehmung verdeutlichen. Was ist also passiert? Die meiste Zeit Ihrer Autofahrt verbrachten Sie in einem relativ entspannten Zustand, relativ deshalb, weil Autofahren auch für diejenigen, die schon viele Kilometer am Steuer eines Fahrzeugs heruntergespult haben, immer noch ein gewisses Maß an Konzentration erfordert, selbst wenn sie eine ihnen bekannte Strecke befahren. Andernfalls könnte man nicht angemessen auf unvorhersehbare Verkehrssituationen reagieren.

Der Zustand relativer Entspannung ändert sich abrupt in jenem Moment, in dem Sie bemerken, dass Sie Gefahr laufen, in das Stauende zu krachen. Dieser Zustand der Wahrnehmung ist geprägt von äußerster Anspannung. Sie sehen nichts mehr außer das Heck des letzten Fahrzeugs, in das Sie zu krachen drohen. Sie nehmen auch nichts mehr von der Landschaft wahr und von der Musik, die aus dem Radio an Ihr nun gar nicht mehr so geneigtes Ohr dringt, gelangt auch nichts mehr in Ihr Bewusstsein. Im Zustand relativer Entspannung können Sie mehr Aspekte Ihrer Umgebung wahrnehmen; da der menschlichen Wahrnehmung jedoch Grenzen gesetzt sind, werden Sie jedem dieser Aspekte nur mehr oder weniger oberflächlich Beachtung schenken können. In dem Moment aber, in dem Sie Ihre komplette Wahrnehmung auf ein bestimmtes Objekt lenken, wie zum Beispiel das Heck des letzten Fahrzeug eines Staus (oder nur auf einen Teil davon, etwa die Stoßstange), ist Ihre periphere Wahrnehmung ausgeschaltet. Ihre Wahrnehmungskapazität fokussiert sich und Sie nehmen Details an dem Objekt, auf das Sie fokussiert sind, wahr, die Ihnen im Zustand mittlerer oder hohen Entspanntheit vermutlich gar nicht aufgefallen wären.

Der Unterschied zwischen einem autistischen und einem nichtautistischen Menschen besteht nun meiner unmaßgeblichen Meinung nach darin, dass das Gehirn von Autisten nicht, so wie das von Nichtautisten, in den Zustand größerer Entspannung wechseln kann (etwa nach der Abwehr einer Gefahr), sondern, je nach Schweregrad des Autismus, solange es bewusst arbeitet auch mehr oder weniger auf irgendetwas fokussiert bleibt. Man könnte es mit einem Muskel vergleichen, der sich nicht entspannen kann, unabhängig davon, ob er gerade gebraucht wird oder nicht. Autisten scheinen mir immer ein Stück näher an dem Zustand zu sein, den ein nichtautistischer Autofahrer erlebt, wenn er auf ein Stauende zurast.

Damit wären wir auch schon bei den Kernproblemen des Verständnisses von Autismus angelangt: der Definition dessen, was Autismus ist und der Frage, wer dies anhand welcher Kriterien festlegt. Jeder, ob Autist oder Nichtautist, sieht die Welt so wie er – und nur er –

sie nun einmal sieht. Wohl niemand, der seine Tage als Einsiedler ohne soziale Kontakte fristen würde, käme von sich aus auf die Idee, er könnte ein Autist oder Nichtautist sein. Autismus ist etwas, das einem von der Gesellschaft zugeschrieben wird, so wie Intelligenz oder der Mangel davon, so wie Sportlichkeit und Musikalität oder deren Gegenteil. Nun ist diese Gesellschaft eine, die Autismus so definiert, dass die überwiegende Mehrheit der Menschen als nichtautistisch gelten. Aber sind die, die von der Gesellschaft als befähigt angesehen werden, Autismus zutreffend zu diagnostizieren, im Besitz einer absoluten Wahrheit oder wird die Beantwortung der Frage, ob jemand als Autist zu gelten hat, nicht auch unter wirtschaftlichen Gesichtspunkten getroffen – von denen die davon profitieren, die ihre berufliche Laufbahn mit diesem Phänomen verknüpfen?

Ein musikalischer Mensch wird die Musikalität eines weniger musikalischen Menschen besser einschätzen können als umgekehrt. Auch wird jemand, der sportlicher als der Durchschnitt ist, besser beurteilen können, wie es um Maß an Sportlichkeit bestellt ist, das ein grobmotorischer Couch-Potato, der diesbezüglich weit unterhalb des Durchschnitts rangiert, offenbart.

Aber ist die Sichtweise von Nichtautisten tatsächlich geeignet, Autismus zu definieren? Jeder Mensch verfügt über ein bestimmtes Maß an Intelligenz, aber nur intelligentere Zeitgenossen kommen in den Genuss, als intelligent wahrgenommen zu werden (und das meist auch nicht von allen gleichermaßen). Intelligenztest erfreuen sich ungebrochener Beliebtheit. Doch kommen wir tatsächlich mit einem angeborenen Intelligenzquotienten zur Welt, der sich durch einen wie auch immer gearteten Test ermitteln lässt, wie etwa die Blutgruppe? Wohl kaum. Theoretisch lässt sich jede menschliche Fähigkeit in einem Test ermitteln (wie vollständig und aussagekräftig dieser dann auch immer sein mag) und in irgendeiner Zahl oder einem Quotienten darstellen. Wir müssten also unzählige Quotienten in uns tragen, die nur darauf warten, mit einem Test ermittelt und mit anderen verglichen zu werden. Ich glaube jedoch, wir kommen gänzlich ohne Quotienten zur Welt, wir leben ohne sie und wenn uns das Zeitliche segnet, erlischt auch kein Quotient in uns. Dies alles sind Erfindungen der Gesellschaft. Aber sind sie deshalb ohne jegliche Aussagekraft? Ich denke nein. Auch hier sollte es so sein, dass jemand, der viele Aufgaben eines einigermaßen aussagekräftigen Intelligenztests lösen kann, besser geeignet ist, selbst einen relativ aussagekräftigen IQ-Test zu entwickeln, als jemand, der beharrlich an den einfachsten Aufgaben scheitert. Wie aber ist das bei der Frage, wer darüber befindet, ob jemand als Autist zu gelten hat und wer nicht? Der Intelligente unterscheidet sich vom weniger Intelligenten, der Sportliche vom Grobmotoriker und der Musikalische vom Unmusikalischen dadurch, dass er auf einem bestimmten Gebiet größere Fähigkeiten besitzt als sein Pendant. Er kann die Dinge gleichsam aus einer "höheren Perspektive" betrachten. Aber ist Nichtautismus die "höhere Perspektive" gegenüber dem Autismus? Sind bei der Diagnosestellung Autismus wirklich ausschließlich Nichtautisten beteiligt? Zur endgültigen Klärung des Phänomens Autismus bedürfte es eines Wesens, dem nichts Menschliches fremd ist, das aber weder Autist noch Nichtautist ist, das eben fähig wäre, eine solche "höhere Perspektive" einzunehmen. Doch auf ein solches Wesen werden wir sicher nicht stoßen.

Was bleibt, ist der Versuch, sich der Thematik indirekt zu nähern. Doch das ist leichter gesagt als getan. Das größte Hindernis, das einem besseren Verständnis des Phänomens Autismus im Weg zu stehen scheint, dürfte meines Erachtens die dem Menschen eigene Neigung sein, von sich auf andere zu schließen. Doch jeder sieht die Welt ein bisschen anders und gerade diese Andersartigkeit gilt es, beim Versuch einer Erklärung autistischer und nichtautistischer Verhaltensweisen zu berücksichtigen.
Auch die einleitende Geschichte ist ein Beispiel für den Kardinalfehler, der uns, egal ob Autist oder nicht, immer wieder unterläuft. Ich habe Ihnen einfach unterstellt, Sie würden eine Autofahrt auf einer Ihnen bekannten Strecke in gleicher Weise wahrnehmen, wie ich dies tue. Doch diese Annahme ist vollkommen unzulässig. Gleichwohl sind wir

alle Vertreter eines Spezies, deren Überleben in grauer Vorzeit davon abhing, dass viele Individuen eine vergleichsweise ähnliche Wahrnehmung ihrer Umgebung hatten. Die meisten von uns hören ungefähr gleich gut, finden Lärm ab einer bestimmten Lautstärke lästig, können unterschiedliche Abstufungen einer Farbe ähnlich gut unterscheiden, empfinden Temperaturen oberhalb oder unterhalb einer gewissen Grenze als unangenehm.

Ich glaube nicht, dass ich ein Autist bin, bin mir dessen jedoch nicht ganz sicher. Sollte ich recht haben und Sie ebenfalls ein sogenannter "Neurotypischer", also ein nichtautistischer Mensch sind, dann ist es nicht unwahrscheinlich, dass auch Sie, falls Sie im Besitz eines Führerscheins sind und über eine gewisse Fahrpraxis verfügen, die Fahrt auf einer Strecke, auf der Sie häufiger unterwegs sind, in ähnlicher Weise wahrnehmen wie ich. Sind Sie jedoch ein Autist, können Sie mit meiner Beschreibung womöglich nichts anfangen oder Sie interpretieren sie in einer Weise, die Ihrer Art der Wahrnehmung entspricht. Es bedürfte einer Art Übersetzungswörterbuch, in dem sowohl Autisten als auch Nichtautisten nachsehen können, was der jeweils andere meint, wenn er dieses oder jenes sagt. Doch wer sollte eine solche Übersetzung leisten können? Ich jedenfalls kann es nicht, ich werde mich in diesem Buch jedoch nach Kräften bemühen, mich zumindest ein wenig in die Sichtweise von Autisten hineinzuversetzen.

Da es jedoch nicht die eine autistische Sichtweise und die eine nichtautistische Sichtweise gibt, sondern weder bei Autisten noch bei Nichtautisten sowohl die Wahrnehmung als auch die Sichtweise bei zwei Menschen absolut identisch sind, sollte alles was in diesem Buch behandelt wird, nur als grobe Annäherung an ein Phänomen verstanden werden, das die gesamte Gesellschaft betrifft.

Erschwerend hinzu kommt das Bombardement mit Begrifflichkeiten, das auf den geneigten Leser, der sich eingehender mit der Thematik beschäftigen möchte, einzuprasseln droht: frühkindlicher Autismus, Asperger-Syndrom, hochfunktionaler Autismus, atypischer Autismus,

Geek-Syndrom, Nerd-Syndrom, Little-Professor-Syndrom, Savant-Syndrom – Autismus-Spektrum-Störung. Durchblick behalten schwer gemacht. Was also ist Autismus?

Laut Wikipedia ist Autismus

> *"[...]eine tiefgreifende Entwicklungsstörung, die als Autismus-Spektrum-Störung diagnostiziert wird. Diese tritt in der Regel vor dem dritten Lebensjahr auf und zeigt sich in drei Bereichen:*
>
> - *Problemen im sozialen Umgang (z. B. beim Verständnis und Aufbau von Beziehungen)*
>
> - *Auffälligkeiten bei der sprachlichen und non-verbalen Kommunikation (etwa bei Blickkontakt und Körpersprache)*
>
> - *eingeschränkte Interessen mit sich wieder-holenden, stereotyp ablaufenden Verhaltensweisen[...]"* [1]

Bei autismus.de findet sich folgende Definition:

> *"[...]Autismus ist eine komplexe und vielgestaltige neurologische Entwicklungsstörung. Häufig bezeichnet man Autismus bzw. Autismus-Spektrum-Störungen auch als Störungen der Informations- und Wahrnehmungs-verarbeitung, die sich auf die Entwicklung der sozialen Interaktion, der Kommunikation und des Verhaltensrepertoires auswirken.[...]"* [2]

---

1 https://de.wikipedia.org/wiki/Autismus (Abgerufen: 29. Juni 2019, 11:55 UTC)
2 https://www.autismus.de/was-ist-autismus.html (Abgerufen: 29. Juni 2019)

Wenn in diesem Buch von Autisten und Nichtautisten die Rede ist, dann ist dies der besseren Lesbarkeit geschuldet und eigentlich falsch. Die Grenze, ab der jemand als Autist eingestuft wird, wird immer eine willkürliche sein. Auch die Grenze, ab der jemand von der Gesellschaft als groß eingestuft wird, ist willkürlich. Jeder Mensch, auch wenn er nur 1,50 Meter oder weniger misst, hat eine Körpergröße. Wenn wir aber jemanden von einem großen Menschen sprechen hören, haben die meisten von uns eine ähnliche Vorstellung davon, was gemeint sein dürfte. Gleiches gilt für Autismus. Jeder Mensch ist zu einem gewissen Maße ein Autist. Von Autisten ist im folgenden aber nur dann die Rede, wenn dieses Maß weit über dem Durchschnitt liegt.

Eines scheint alle Autisten von Nichtautisten zu unterscheiden: die unterschiedliche Informationsverarbeitung des Gehirns.

Die Filterfunktion des Gehirns

Wir sind tagtäglich einer Fülle an Sinnesreizen ausgesetzt, die wir unmöglich alle auf bewusster Ebene verarbeiten können. Zum Glück verfügt unser Gehirn über Mechanismen, die es ihm erlauben, Unwichtiges von Wichtigem zu unterscheiden, sodass wir uns ohne aller Informationen, die auf uns einprasseln, gewahr werden zu müssen, auf das Wesentliche konzentrieren können. Damit unser Gehirn eine der jeweiligen Situation, in der wir uns befinden, angepasste Filterfunktion ausüben kann, ist ein ausgeklügeltes Zusammenspiel von Neurotransmittern unerlässlich. Neurotransmitter sind Botenstoffe mit deren Hilfe die Neuronen unseres Nervensystem an den synaptischen Verbindungen miteinander interagieren.

Die Neurotransmitter lassen sich in zwei Gruppen einteilen: die erregenden (exzitatorischen) und die hemmenden (inhibitorischen). Wird durch einen Sinnesreiz ein erregender Neurotransmitter von einem Neuron an ein anderes weitergegeben, so bewirkt dies, dass dieses ebenfalls aktiv wird und seinerseits wiederum andere mit ihm in Verbindung stehende Neuronen anregt. Umgekehrt bewirkt die Ausschüttung eines hemmenden Neurotransmitters, dass die Erregbarkeit des empfangenden Neurons herabgesetzt wird. Der wichtigste schnell erregende Neurotransmitter ist lt. gehirnlernen.de[3] Glutamat, sein Gegenspieler Gammaaminobuttersäure (GABA)[4] ist der wichtigste hemmende.

Würden in einem Gehirn ausschließlich hemmende Neurotransmitter ausgeschüttet, hätte dies zur Folge, dass es überhaupt nicht mehr aktiv sein könnte; ein Gehirn, in dem ausschließlich erregende Neurotransmitter zugange wären, wäre seiner Filterfunktion beraubt und ständig mit der Verarbeitung völlig unwichtiger Informationen

---

3 https://www.gehirnlernen.de/gehirn/neurotransmitter-und-ihre-bahnen/
4 Die Abkürzung steht für *gamma-Aminobutyric acid*

überlastet. Wie jede andere Spezies auch, ist der Mensch das Produkt der Evolution, deren Anpassungsdruck die Entwicklung von Körper und Geist in eine bestimmte Richtung zwang. Ein hohes Maß an Homogenität ist für Vertreter derselben Spezies daher charakteristisch, dies gilt für den Körperbau ebenso wie für die Funktionsweise des Gehirns. Auf der anderen Seite kann aber auch eine gewisse Heterogenität einer Gruppe von Individuen Vorteile sichern. Der Homo sapiens erhielt seine stammesgeschichtliche Prägung in den etwa zwei Millionen Jahren, in denen er als nomadisierender Jäger und Sammler durch die Landschaft zog. So können beispielsweise bestimmte geschlechtsspezifische Unterschiede bei Frauen und Männern erklärt werden. Männer sind in der Regel einen Tick besser, wenn es darum geht, sich räumlich zu orientieren; die meisten Frauen dagegen können Farbtöne besser unterscheiden – beides war sicher von Vorteil. Frauen waren besser in der Lage, den Reifegrad von Früchten abzuschätzen und den Männern dürfte die Fähigkeit zur räumlichen Orientierung bei der Jagd genützt haben. Beides, räumliches Vorstellungsvermögen und die Fähigkeit, Farbtöne besser unterscheiden zu können, sind auf die geringfügig unterschiedliche Verarbeitung von Sinneseindrücken zurückzuführen. In diesem Buch geht es um die Unterschiede der Filterfunktion der Gehirne von Autisten und Nichtautisten und um die zahlreichen Missverständnisse, die diese Unterschiede hervorrufen.

Untersucht man eine hinreichend große Zahl an Individuen auf ein bestimmtes Merkmal, zum Beispiel die Körpergröße, und wertet die Ergebnisse anschließend graphisch aus, erhält man normalerweise eine Gaußsche Normalverteilungskurve.

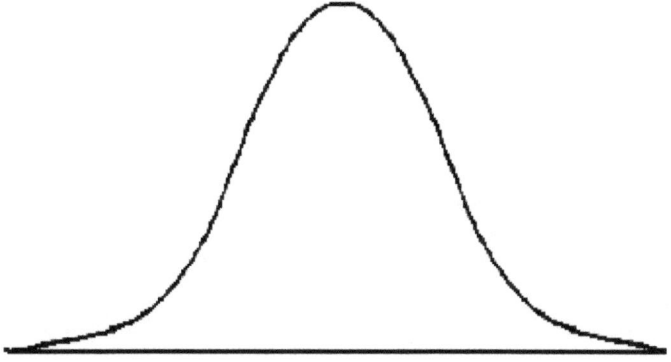

Die Körpergröße der meisten Menschen liegt nahe am Durchschnitt, einige aber sind außergewöhnlich groß oder klein. Damit ist jedoch noch nichts darüber gesagt, ob die Kleinwüchsigkeit oder das Gegenteil davon eine Krankheit oder Behinderung darstellt.

Es scheint wenig gegen die Annahme zu sprechen, dass auch das Maß, in dem das Gehirn Sinneseindrücke filtert, von Individuum zu Individuum unterschiedlich ausgeprägt ist, wobei analog zum obigen Beispiel davon auszugehen sein dürfte, dass ebenfalls viele nahe am Durchschnitt und wenige weit davon weg liegen.

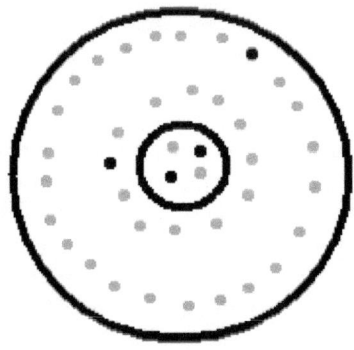

Das Bild oben soll das Bewusstsein eines Gehirns zu einem bestimmten Zeitpunkt symbolhaft darstellen. Der innere Kreis steht für den Bereich der Aufmerksamkeit, der äußere für den Bereich, den ich als periphere Wahrnehmung bezeichne. Die periphere Wahrnehmung dient in erster Linie dazu, die Umgebung zu einem gewissen Grad wahrzunehmen. Eine Person, die nichts von dem mitbekäme, was sich in ihrem Umfeld abspielt, liefe ständig Gefahr, in unliebsame Zwischenfälle verwickelt zu werden, was unter Umständen fatale Konsequenzen haben könnte. Die grauen Punkte stellen die Sinneseindrücke dar, die das Gehirn herausfiltert, also unbewusst wahrnimmt. Die schwarzen Punkte stehen für die bewusst wahrgenommenen Sinneseindrücke. Im Bereich der Aufmerksamkeit werden 50 Prozent der Sinneseindrücke gefiltert, im Bereich der peripheren Wahrnehmung sind es deutlich mehr. All diese Zahlen sind völlig aus der Luft gegriffen - es geht einzig und allein ums Prinzip. Nehmen wir an, dieses Gehirn befindet sich im Zustand durchschnittlicher Konzentration. Das einleitende Beispiel mit der Autofahrt mag Ihnen eine Vorstellung davon vermitteln, was in etwa unter durchschnittlich verstanden werden kann.

In diesem Beispiel werden im Bereich der Aufmerksamkeit ebenso viel Sinnesreize bewusst wahrgenommen wie im Bereich der peripheren Wahrnehmung. Da aber in Letzterem wesentlich mehr Sinnesreize gefiltert werden, ist auch der Bereich, aus dem diese Eindrücke empfangen werden können, viel größer.

Die Sinnesreize setzen sich zusammen aus optischen, akustischen, olfaktorischen (Gerüche), Geschmack und Berührungen. Aber es kommt noch mehr dazu: auch Gedanken, denen der Mensch gerade nachgeht, seien es Tagträume oder auch Planungen oder der Frust, den er mit sich herumträgt und einen Teil seiner Aufmerksamkeit raubt, gehören hier hinein.

Nun kommt noch etwas ganz Entscheidendes, das jedoch allzu gerne vernachlässigt wird, dessen Berücksichtigung sich aber bei der Vermeidung vieler Missverständnisse, die mit dem Komplex Autismus in schöner Regelmäßigkeit zutage treten, als überaus hilfreich erweist, ich nenne es das Wahrnehmungs-Nichts.

Von Dingen, die sich im Wahrnehmungs-Nichts abspielen, nehmen wir, wie der Name schon vermuten lässt, nichts wahr weil der Aufnahmekapazität unserer Wahrnehmung Grenzen gesetzt sind. Es ist unser individuelles Wahrnehmungs-Nichts, aber andere Personen können ohne weiteres Dinge, die sich in unserem persönlichen Wahrnehmungs-Nichts abspielen, wahrnehmen und umgekehrt. Dieses Nichts soll durch die schwarze Fläche symbolisiert werden.

Bereich der Aufmerksamkeit

Bereich der peripheren Wahrnehmung

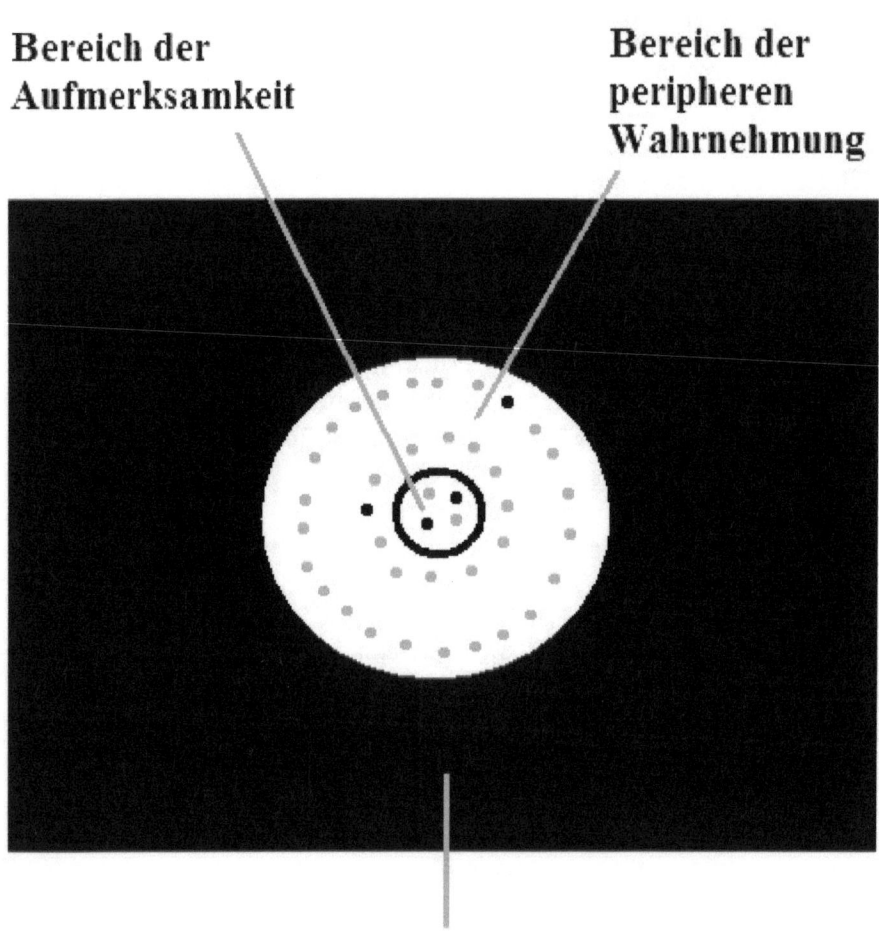

Wahrnehmungs-Nichts

Sollte eine Situation unsere erhöhte Aufmerksamkeit erfordern, ändert sich auch unsere Wahrnehmung. Etwa dann, wenn wir versuchen, einen Zwirn durch ein Nadelöhr einzufädeln.

Die erhöhte Konzentration (drei schwarze Punkte statt zwei im Bereich der Aufmerksamkeit) auf Nadel und Zwirn führt dazu, dass wir nicht mehr soviel von dem registrieren, was um uns herum vorgeht. Der Bereich der peripheren Wahrnehmung ist kleiner, das Wahrnehmungs-Nichts entsprechend größer.

Stellen Sie sich nun einen Tennisspieler vor, der den Aufschlag seines Gegners erwartet. Um eine Chance zu haben, den Ball zu returnieren, bedarf es höchster Aufmerksamkeit. Da kann man nicht einfach so mit einem halben Auge hinschauen; es gilt, aus der Haltung und den Bewegungen des Gegners möglichst frühzeitig abzuschätzen, wohin der Ball kommt. Während ein Tennisspieler den Aufschlag seines Kontrahenten erwartet, wird er kaum darüber sinnieren, welches Lokal er am Abend aufsuchen wird.

Die periphere Wahrnehmung ist verschwunden weil sich die Person extrem konzentriert. Aber es geht noch heftiger. Nicht immer sind es bewusste Entscheidungen, die uns veranlassen, unsere Wahrnehmung zu fokussieren. Eine Nadelspitze, die ein missliebiger Zeitgenosse in unser Gesäß rammt, wird für eine kurze Zeit unsere komplette Aufmerksamkeit beanspruchen.

Die Aufmerksamkeit ist in einem Punkt fixiert.[5] Das übrige Geschehen um uns herum befindet sich in unserem persönlichen Wahrnehmungs-Nichts. Wer auf einer heißen Herdplatte sitzt, hört keine Vögel mehr zwitschern – echt wahr.

Unsere Wahrnehmung gleicht gewissermaßen einem Scheinwerfer, der mal breit gestreutes Licht auf eine Projektionsfläche wirft, nämlich im Zustand geringer Erregung, im nächsten Moment jedoch unter Umständen, einem Laser gleich, nur einen ganz kleinen Teil der Projektionsfläche sehr intensiv beleuchtet (im Zustand großer Erregung).

---

5   Eigentlich müsste man sich die vier Punkte nun übereinanderlieged vorstellen,
    denn die Wahrnehmung ist natürlich viel intensiver als die eines Tennisspielers,
    der den Aufschlag seines Gegners erwartet

Man könnte ein erregtes Gehirn auch mit einem angespannten Muskel vergleichen, ein entspanntes Gehirn analog dazu mit einem entspannten Muskel.

Die wesentliche Eigenschaft, die autistische von nichtautistischen Menschen unterscheidet, scheint darin zu liegen, dass Autistengehirne auch in Situationen im Zustand größerer Erregung verharren, in denen Gehirne von Nichtautisten dazu neigen, den Erregungslevel herunterzuregulieren.

Je höher der Erregungs-Level, desto schwieriger ist es, diesen über einen längeren Zeitraum aufrechtzuerhalten. Jeder, der auf einer heißen Herdplatte sitzt, wird danach trachten, diese schleunigst zu verlassen. Aber auch ein Tennisspieler kann unmöglich das ganze Spiel über in höchster Konzentration verharren, das braucht er allerdings auch nicht, da ihm bei den Seitenwechseln Ruhepausen eingeräumt werden.

Fazit: Konzentration verursacht Stress. Demgegenüber kann ein entspanntes Gehirn wie folgt dargestellt werden.

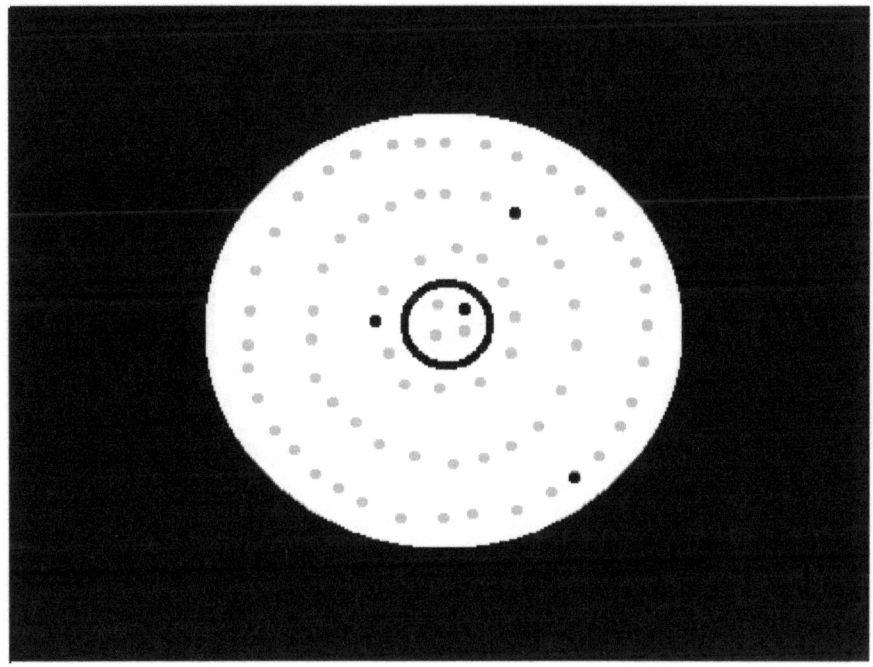

Das könnte etwa das Gehirn eines Urlaubers – sofern er kein Autist ist - sein, der gerade am Strand abhängt, seine Gedanken schweifen lässt, mal auf die Wolken, mal auf das Meer, mal auf den Strand blickt, vielleicht noch ein bisschen Musik hört und sich dabei einen Drink einverleibt. Wer wollte bestreiten, dass es sich in diesem Zustand länger aushalten lässt als auf einer heißen Herdplatte? Das vergleichsweise geringe Maß an Fokussierung (nur ein schwarzer Punkt im Bereich der Aufmerksamkeit) geht einher mit einem weit geöffneten Wahrnehmungskanal und dadurch mit einem relativ kleinen Wahrnehmungs-Nichts.

Neurotypen

Kein Mensch gleicht dem anderen. Jedes Individuum hat Vorlieben, Abneigungen, Stärken und Schwächen. So ist kaum zu bestreiten, dass die individuell unterschiedliche Ausprägung der Muskulatur einige Menschen dazu befähigt, Leistungen zu vollbringen, die für andere unerreichbar bleiben. Stellen Sie sich vor, Sie beobachten eine Leichtathletik-Veranstaltung. Da gibt es zum einen die Wurf- und Stoßdisziplinen Speer-, Hammer-, Diskuswurf und Kugelstoßen, in denen es vor allem auf Kraft und Schnellkraft ankommt (natürlich immer verbunden mit einer entsprechenden Technik). Dann wären da die Sprinter, die Mittel- und die Langstreckenläufer. Bei Letzteren ist die Kondition das Kriterium, das darüber entscheidet, wer den Siegerpokal nach mit nach Hause nehmen kann. Die Muskulatur der Athleten muss den Erfordernissen der jeweiligen Disziplinen genügen, um ansprechende Leistungen erzielen zu können. Natürlich können sich auch Marathonläufer im Kugelstoßen versuchen und umgekehrt; Weltrekorde sollten wir dann aber nicht erwarten. Ähnliches gilt für die Leistungsfähigkeit unseres Denkorgans. Es gibt Menschen, die sind besonders musikalisch, andere wiederum zeichnet eine lebhafte Fantasie aus, es gibt Leute, die besonders sprachbegabt sind und solche, denen es kaum Mühe zu bereiten scheint, mittels ihrer Fähigkeit, logisch denken zu können, die schwierigsten Probleme zu lösen. Manche vereinen auch mehrere Begabungen auf sich, andere kommen nirgends über Durchschnitt hinaus. Gegenstand dieses Kapitels ist die Verschiedenartigkeit der Menschen in der Art, wie sie ihre Umgebung wahrnehmen. Meines Erachtens ist folgende Dreigliederung sinnvoll.

1. die individuelle Wahrnehmungskapazität
    Vergleicht man das menschliche Gehirn mit einem Gefäß und die Sinneseindrücke, die es verarbeitet, mit einer Flüssigkeit,

die in das Gefäß geschüttet wird, dann fasst das Gefäß eines Menschen mit großer Wahrnehmungskapazität eben mehr Flüssigkeit als das eines Menschen mit geringer Wahrnehmungskapazität.

2. die individuelle Variationsbreite, mit der jemand auf bewusster Ebene vom Zustand der Konzentration in den der Entspannung wechseln kann und umgekehrt

3. Der individuelle durchschnittliche Erregungsgrad
Man könnte es auch Temperament nennen. Jemand, der meistens eher relaxt durchs Leben geht, hätte einen niedrigen, ein Choleriker, der sich über allerlei Nebensächlichkeit aufregt, einen hohen durchschnittlichen Erregungsgrad. Dabei gilt die Faustformel: Jemand, dessen Gehirn weniger Sinneseindrücke filtert, befindet sich in einer als gleich angenommenen Umgebung in einem höheren Erregungsgrad als jemand mit "guten" Filtern.

Im folgenden wird davon ausgegangen, dass alle drei oben genannten Kriterien in der Bevölkerung, ähnlich der Körpergröße, verteilt sind, d. h. die meisten Menschen liegen nahe am Durchschnitt, mit zunehmendem Abstand vom arithmetischen Mittel sinkt auch die Zahl der Individuen, die dieses Merkmal aufweisen.
Während Wahrnehmungskapazität und Variationsbreite als nicht oder kaum veränderbare Charakteristika verstanden werden können, die bei jedem Individuum ein Leben lang mehr oder weniger gleich bleiben, kann der Erregungsgrad von einem Moment zum anderen wechseln, etwa wenn man sich plötzlich einer Gefahr ausgesetzt sieht.

Auf den Folgeseiten werden die oben genannten Kriterien kombiniert und Individuen entsprechend der für sie zutreffenden Kombination in Neurotypen unterteilt.

Der Durchschnittsmensch

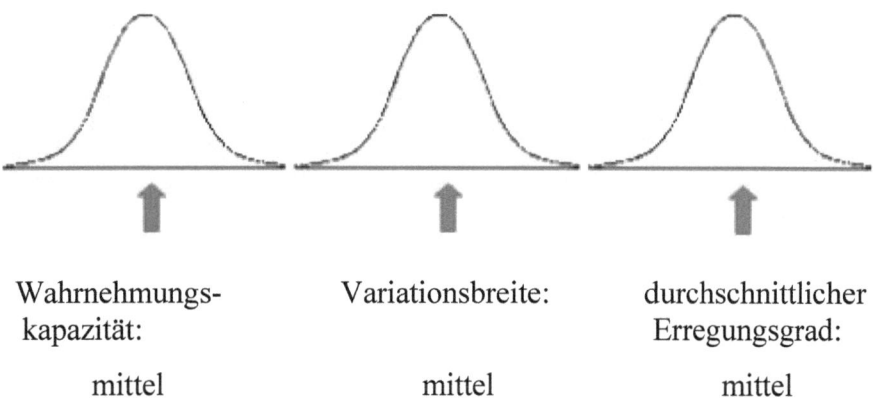

Wahrnehmungs-   Variationsbreite: durchschnittlicher
kapazität: Erregungsgrad:

mittel   mittel   mittel

Die folgenden drei Graphiken sollen die Wahrnehmung dieses Durchschnittsmenschen darstellen, einmal im Zustand mittlerer Anspannung, einmal im Zustand geringer Anspannung und einmal im Zustand hoher Anspannung. Die schwarzen Punkte symbolisieren die bewusst wahrgenommenen Sinneseindrücke; der Übersichtlichkeit wegen habe ich auf die Darstellung der unbewusst wahrgenommenen Sinneseindrücke (graue Punkte) verzichtet, Sie sollten jedoch im Hinterkopf behalten, dass auf jeden bewusst wahrgenommenen Sinneseindruck ein Vielfaches an unbewusst wahrgenommen kommt. Nehmen wir an, dass die durchschnittliche Wahrnehmungskapazität in der Bevölkerung bei 10 schwarzen Punkten liegt.

Neurotyp A (Durchschnittsmensch):

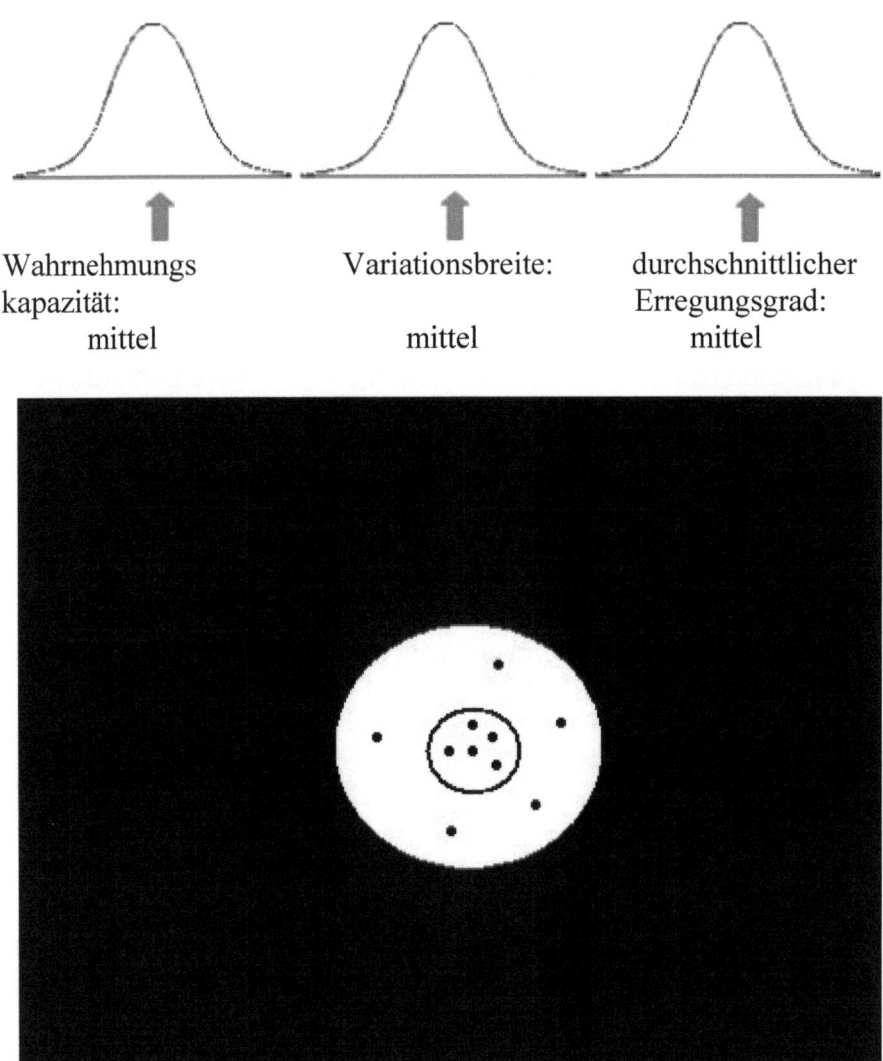

Wahrnehmungs kapazität:	Variationsbreite:	durchschnittlicher Erregungsgrad:
mittel	mittel	mittel

Wahrnehmung im Zustand mittlerer Anspannung

Neurotyp A (Durchschnittsmensch):

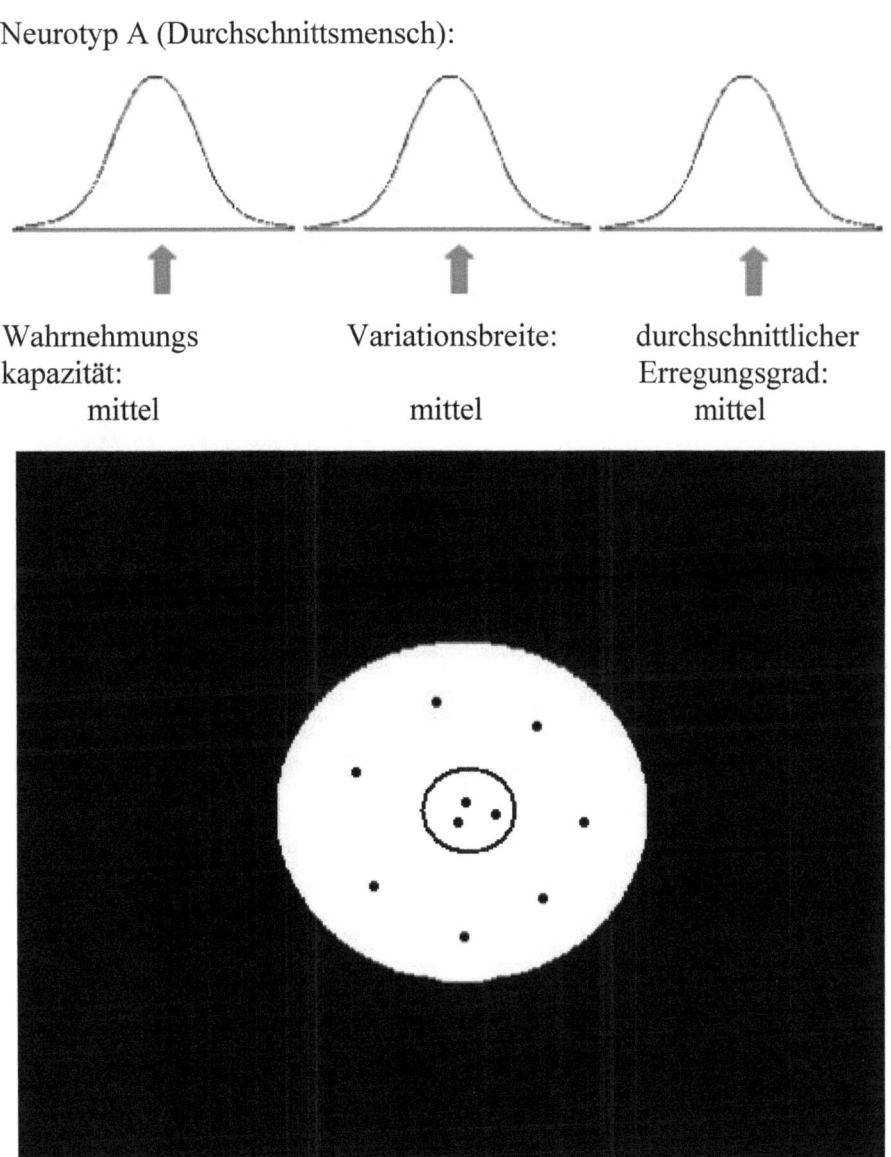

Wahrnehmungs kapazität:	Variationsbreite:	durchschnittlicher Erregungsgrad:
mittel	mittel	mittel

Wahrnehmung im Zustand geringer Anspannung

Neurotyp A (Durchschnittsmensch):

Wahrnehmungs kapazität:	Variationsbreite:	durchschnittlicher Erregungsgrad:
mittel	mittel	mittel

Wahrnehmung in angespanntem Zustand (Person konzentriert sich)

Neurotyp B:

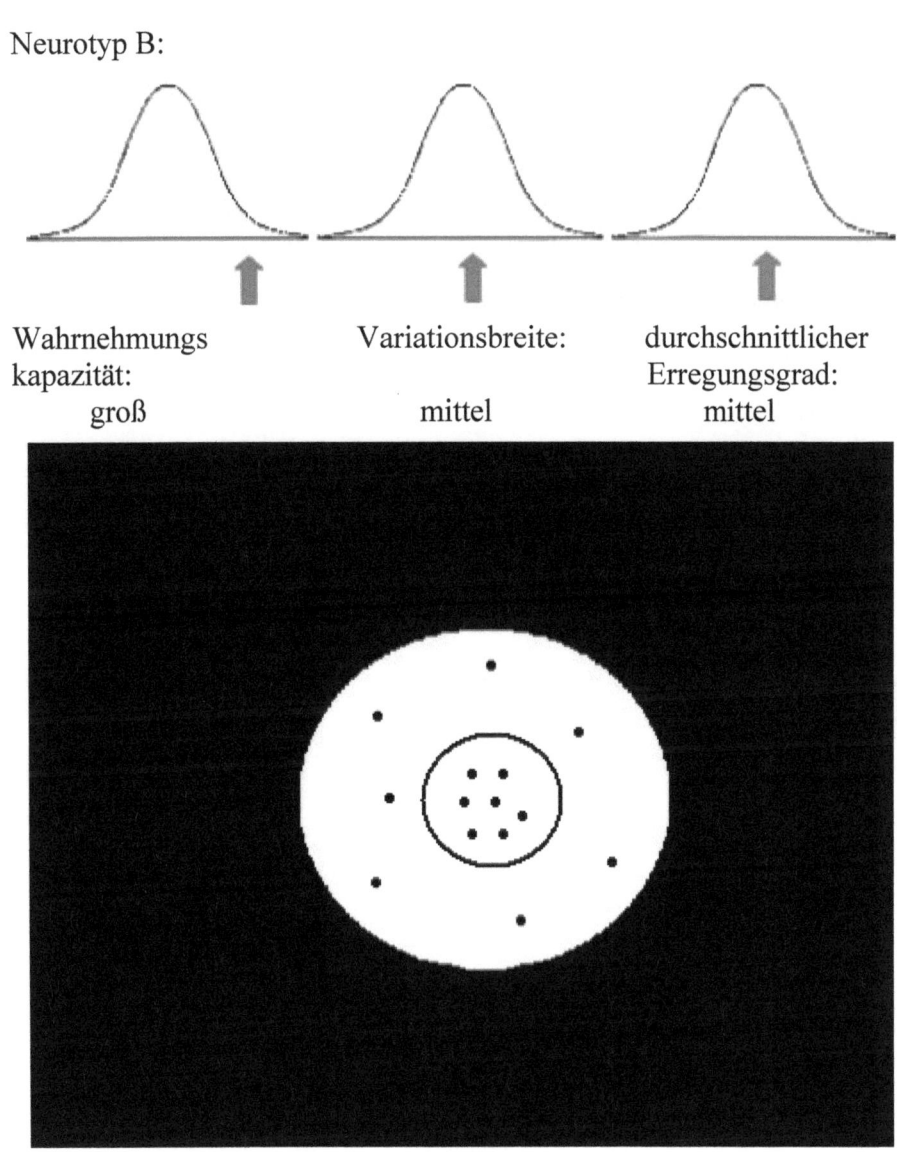

Wahrnehmungskapazität:
groß

Variationsbreite:
mittel

durchschnittlicher Erregungsgrad:
mittel

Wahrnehmung im Zustand mittlerer Anspannung

Neurotyp B:

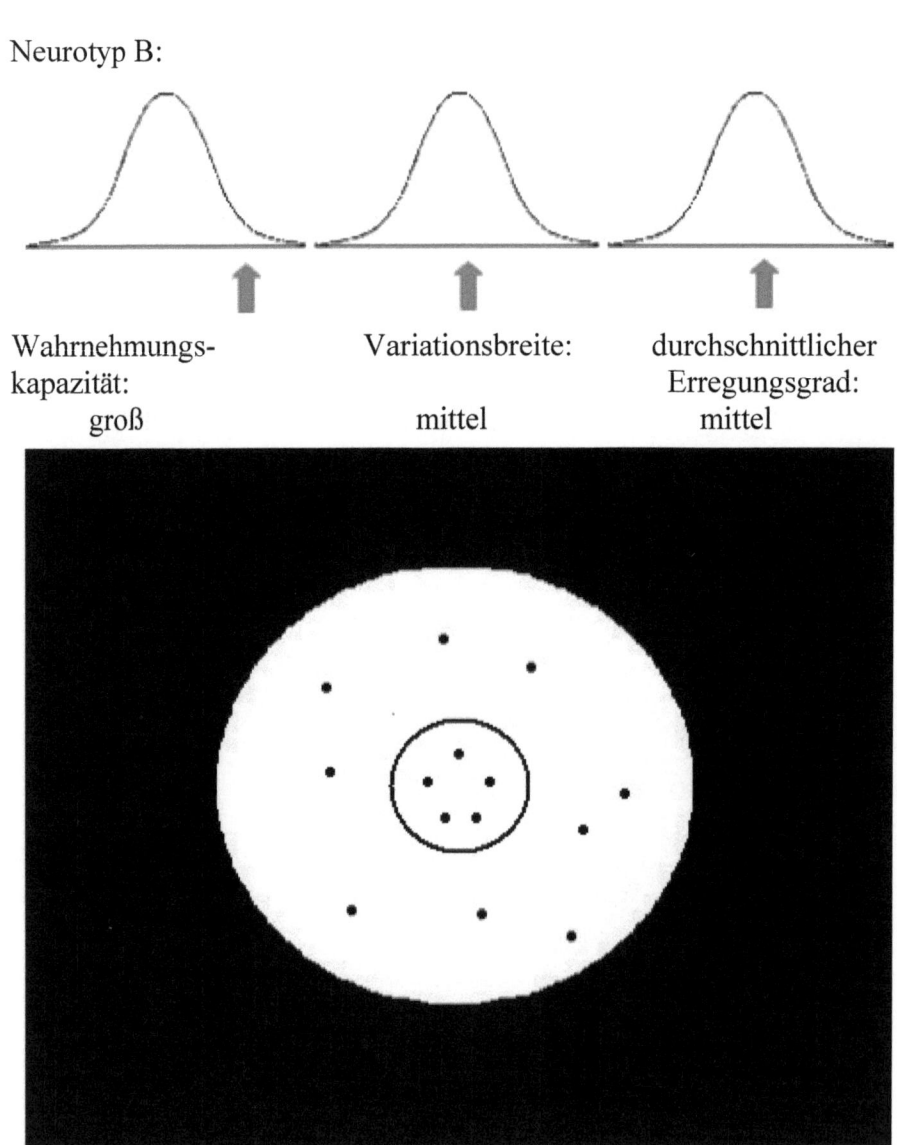

Wahrnehmungs-
kapazität:
groß

Variationsbreite:

mittel

durchschnittlicher
Erregungsgrad:
mittel

Wahrnehmung im Zustand geringer Anspannung

Neurotyp B:

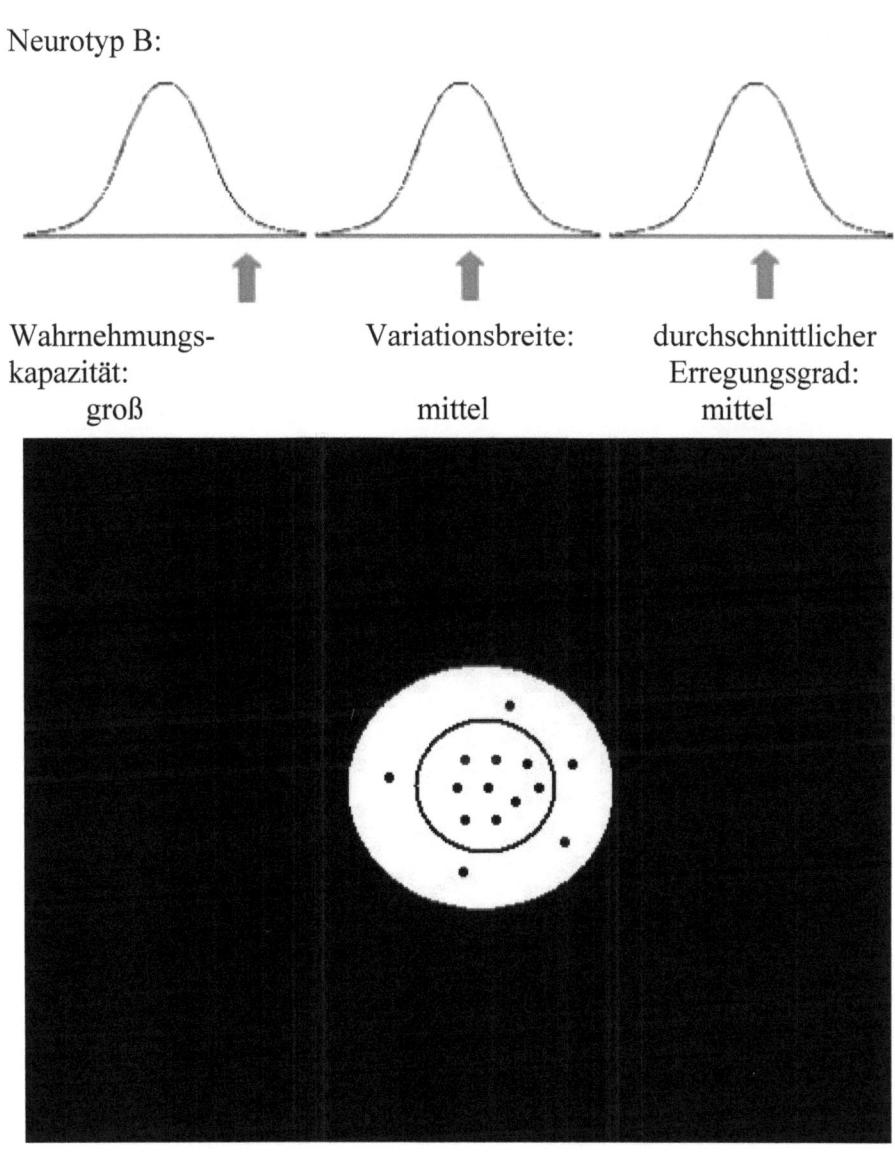

| Wahrnehmungs-kapazität:
groß | Variationsbreite:

mittel | durchschnittlicher
Erregungsgrad:
mittel |

Wahrnehmung in angespanntem Zustand (Person konzentriert sich)

Neurotyp C:

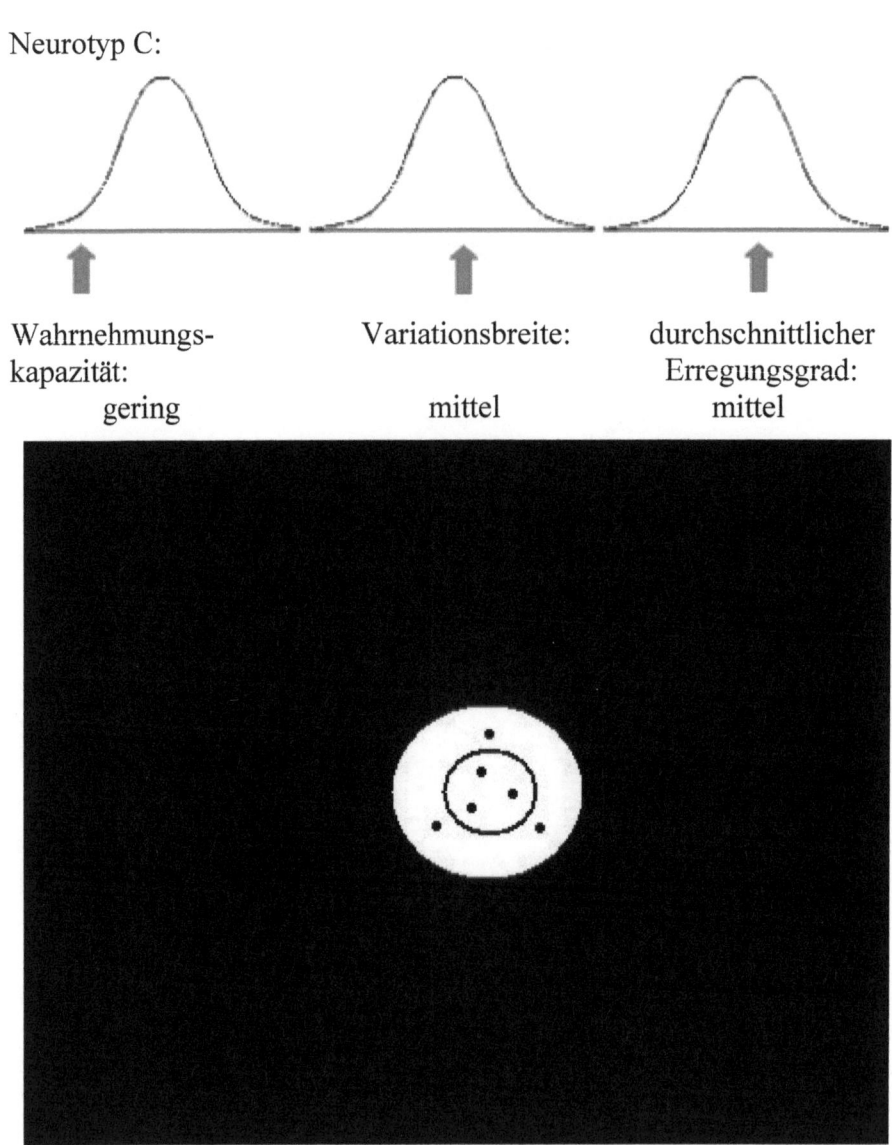

Wahrnehmungs-kapazität:	Variationsbreite:	durchschnittlicher Erregungsgrad:
gering	mittel	mittel

Wahrnehmung im Zustand mittlerer Anspannung

Neurotyp C:

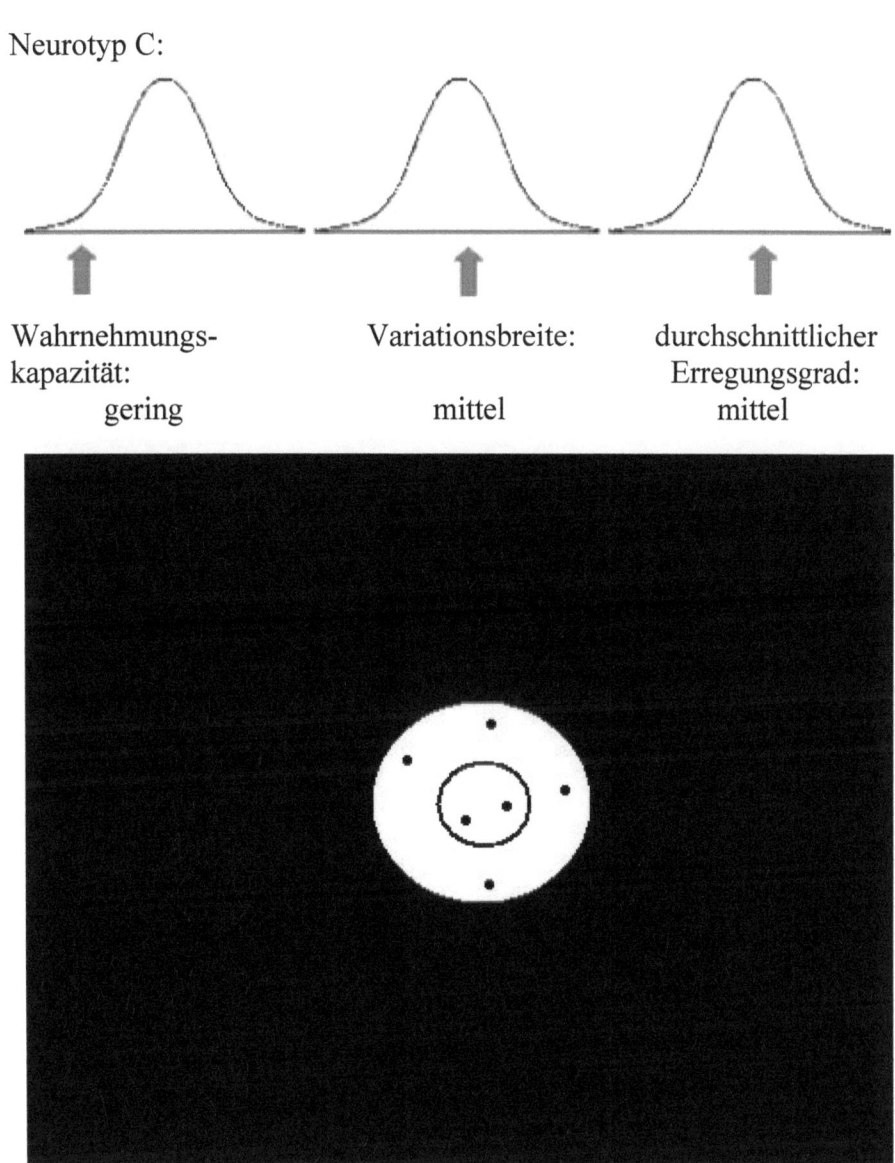

Wahrnehmungs-kapazität:	Variationsbreite:	durchschnittlicher Erregungsgrad:
gering	mittel	mittel

Wahrnehmung im Zustand geringer Anspannung

Neurotyp C:

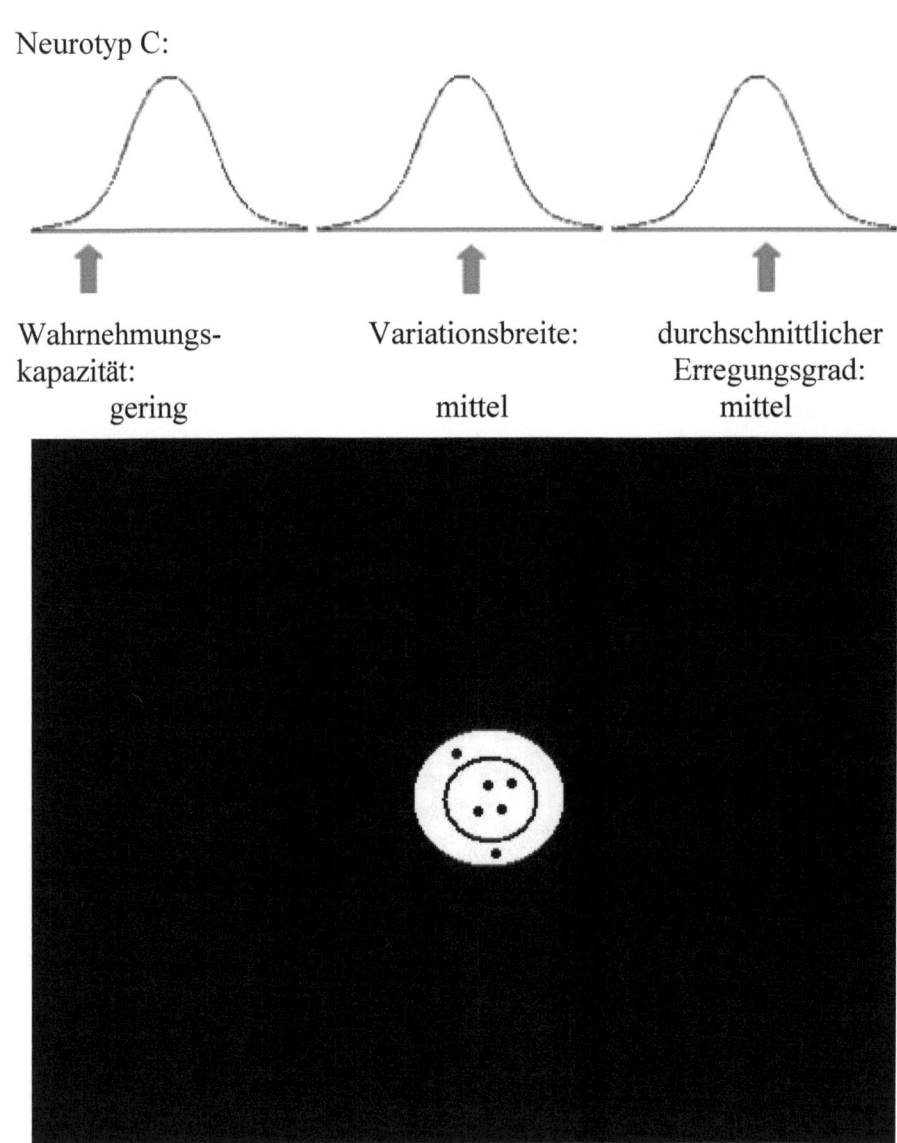

Wahrnehmungs-
kapazität:
gering

Variationsbreite:
mittel

durchschnittlicher
Erregungsgrad:
mittel

Wahrnehmung in angespanntem Zustand (Person konzentriert sich)

Neurotyp D:

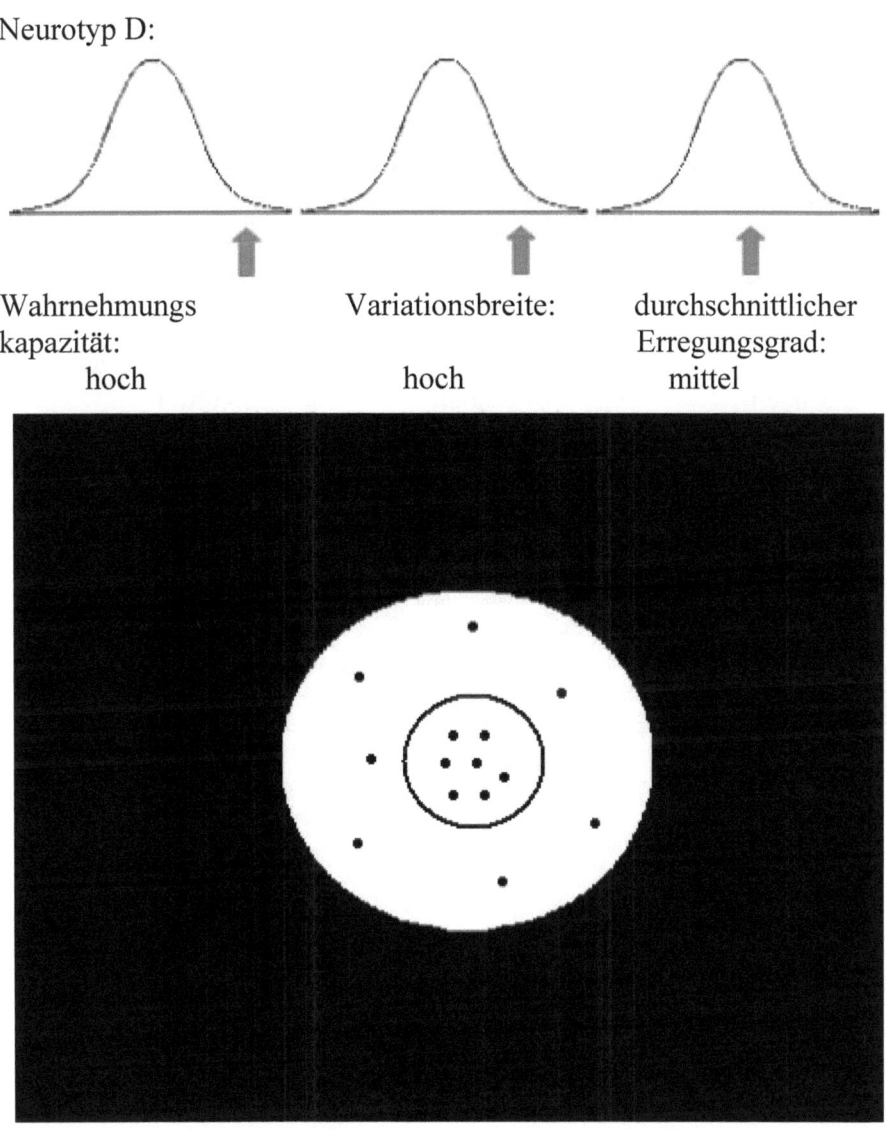

Wahrnehmungs
kapazität:
    hoch

Variationsbreite:

    hoch

durchschnittlicher
Erregungsgrad:
    mittel

Wahrnehmung im Zustand mittlerer Anspannung

Neurotyp D:

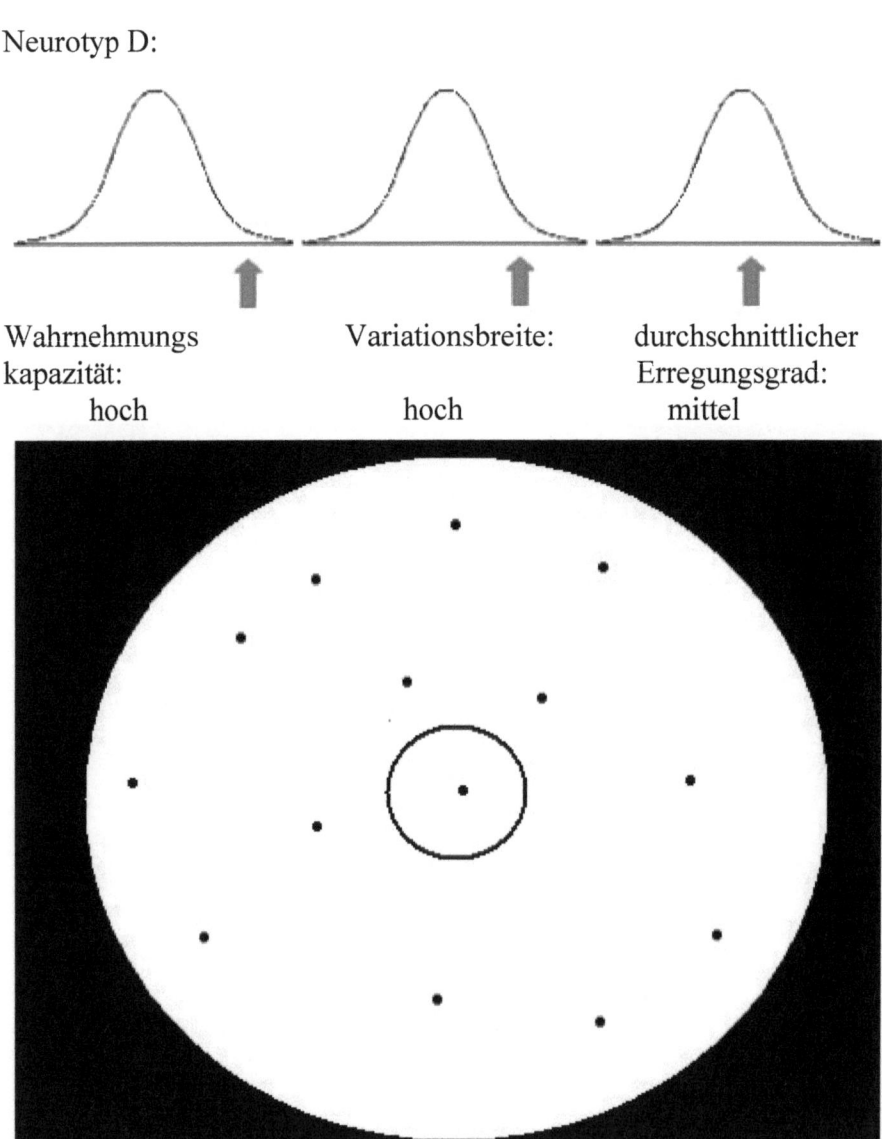

| Wahrnehmungs
kapazität:
hoch | Variationsbreite:

hoch | durchschnittlicher
Erregungsgrad:
mittel |

Wahrnehmung im Zustand geringer Anspannung

Neurotyp D:

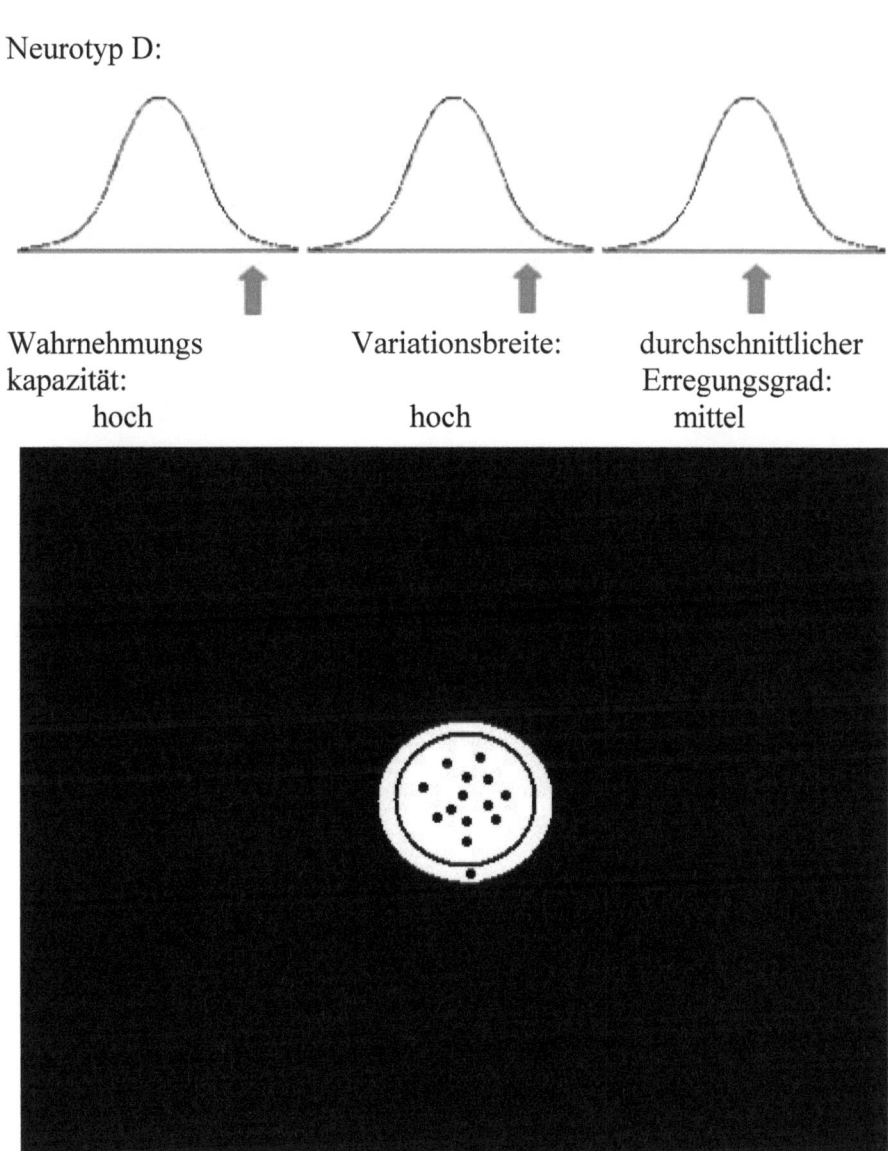

| Wahrnehmungs kapazität: hoch | Variationsbreite: hoch | durchschnittlicher Erregungsgrad: mittel |

Wahrnehmung in angespanntem Zustand

Neurotyp E:

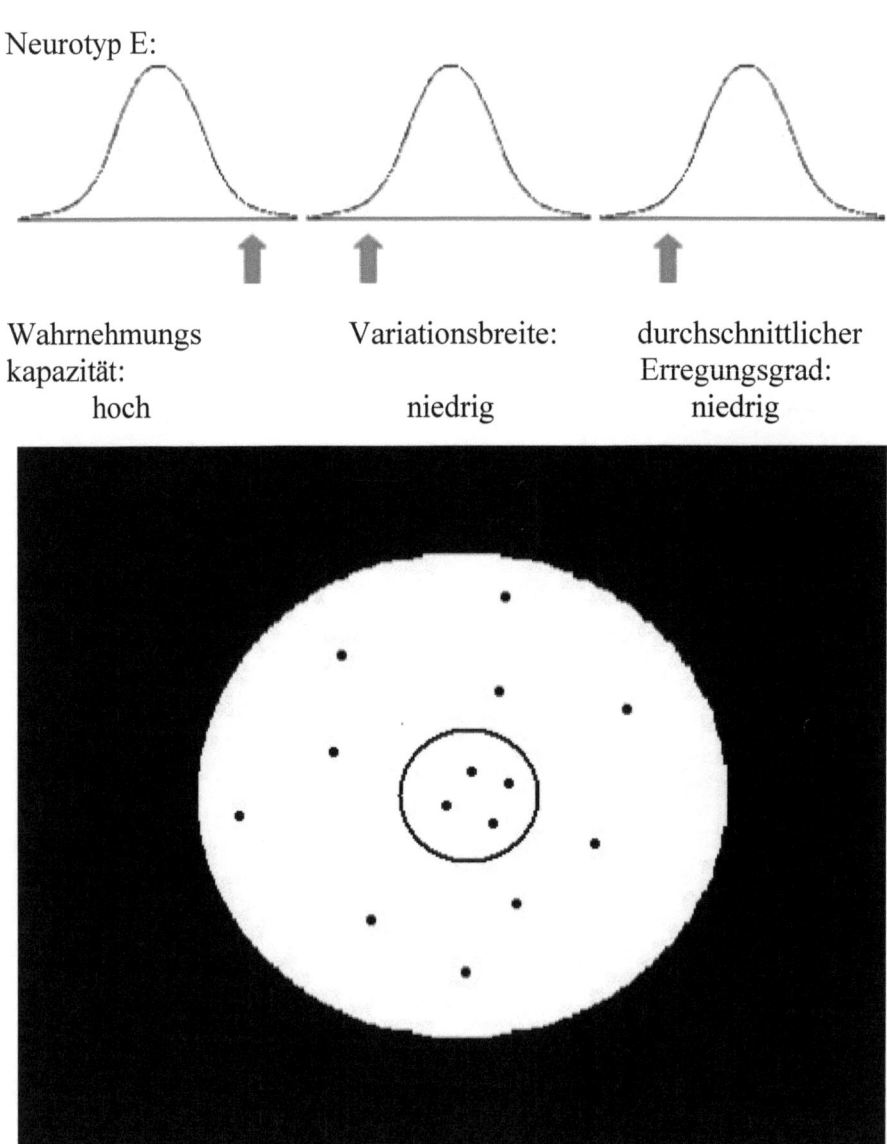

Wahrnehmungskapazität:	Variationsbreite:	durchschnittlicher Erregungsgrad:
hoch	niedrig	niedrig

Wahrnehmung im Zustand mittlerer Anspannung

Neurotyp E:

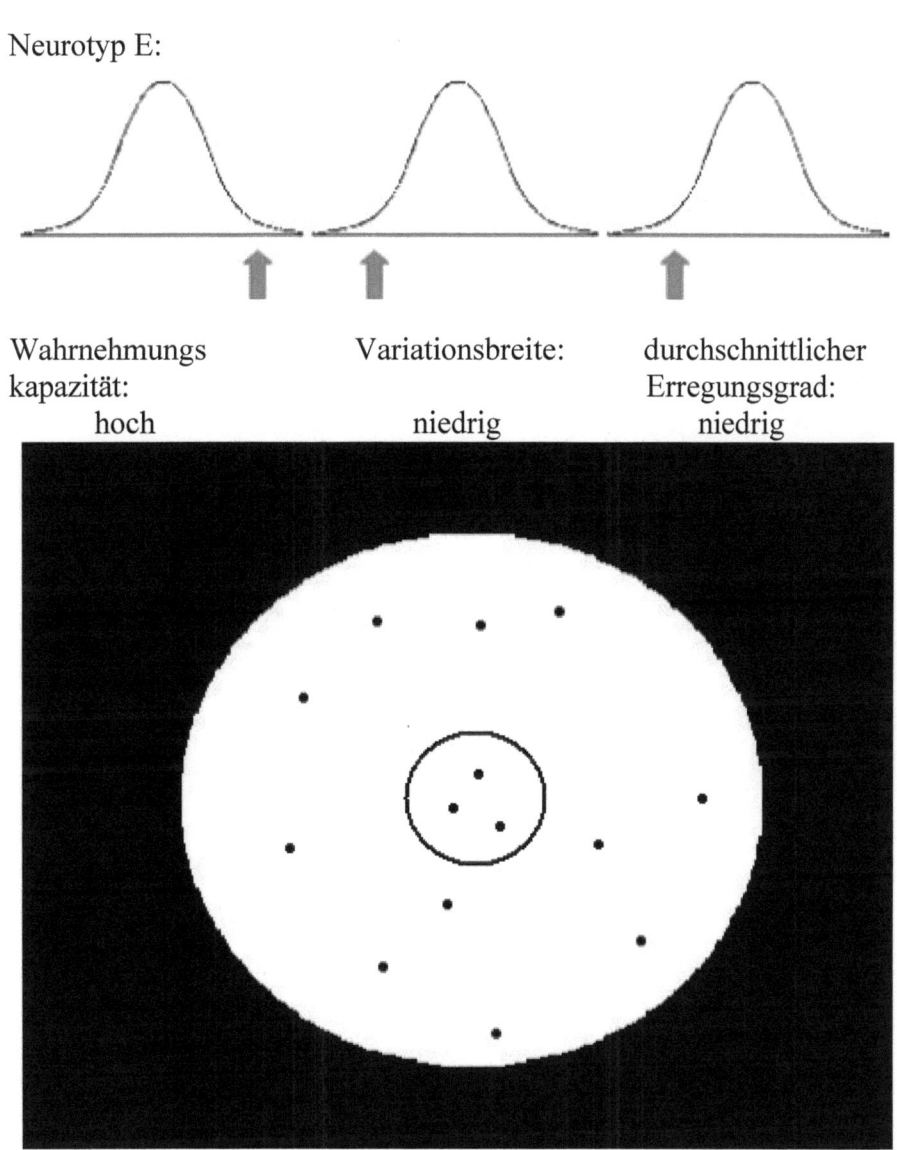

| Wahrnehmungs
kapazität:
hoch | Variationsbreite:

niedrig | durchschnittlicher
Erregungsgrad:
niedrig |

Wahrnehmung im Zustand geringer Anspannung

Neurotyp E:

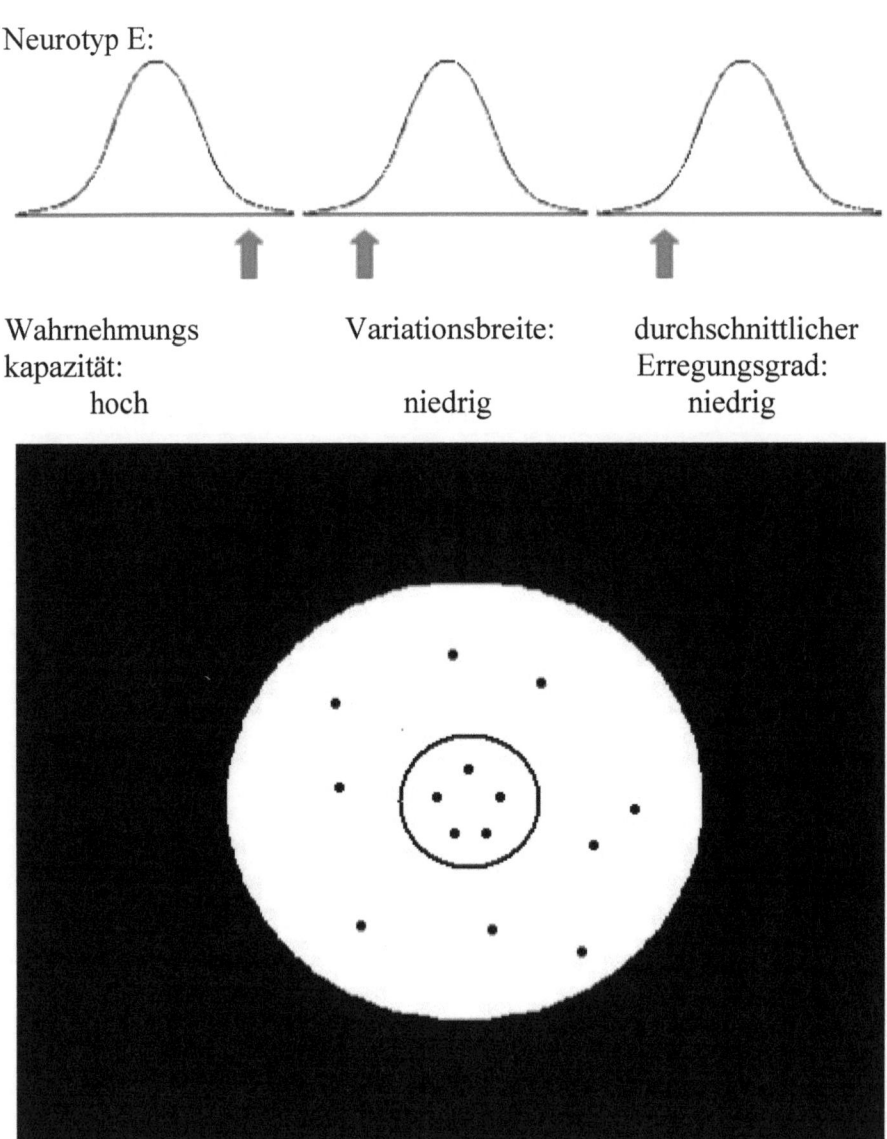

Wahrnehmungs kapazität:	Variationsbreite:	durchschnittlicher Erregungsgrad:
hoch	niedrig	niedrig

Wahrnehmung in angespanntem Zustand

Neurotyp F:

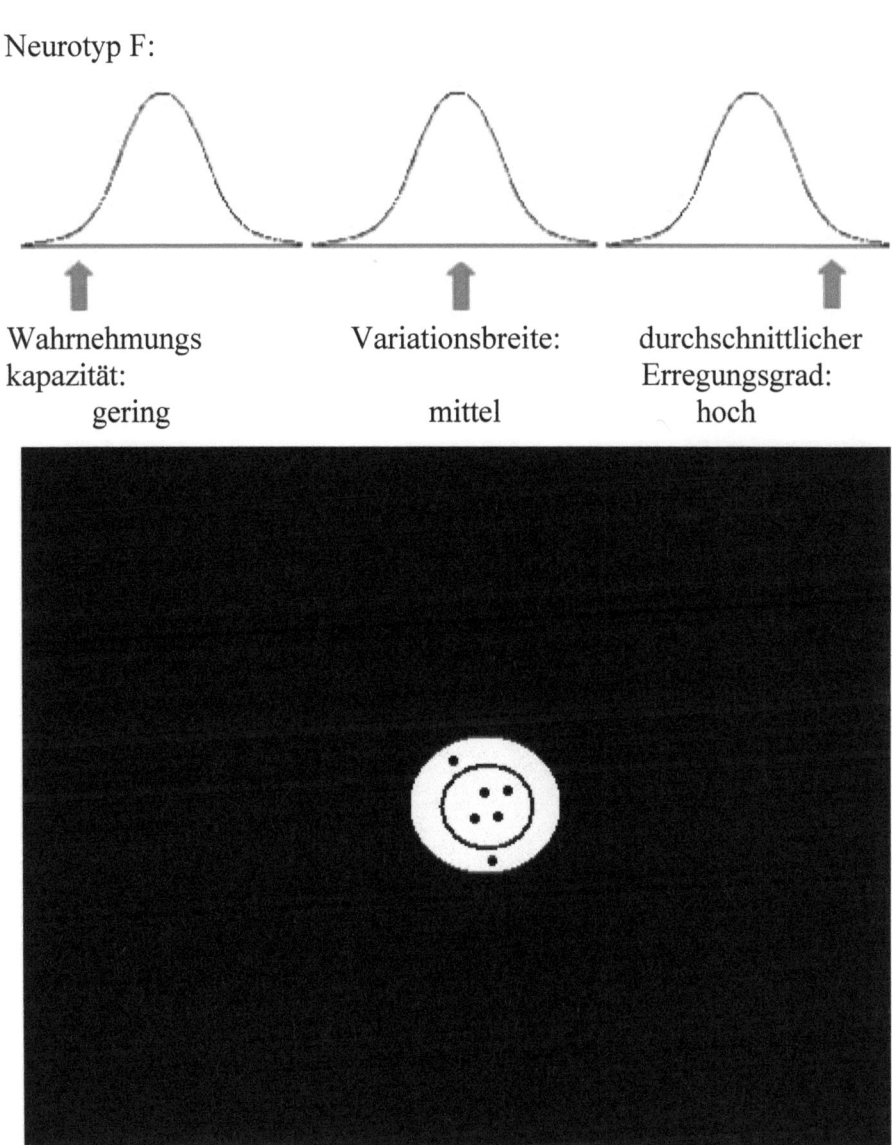

Wahrnehmungs kapazität:	Variationsbreite:	durchschnittlicher Erregungsgrad:
gering	mittel	hoch

Wahrnehmung im Zustand mittlerer Anspannung

Neurotyp F:

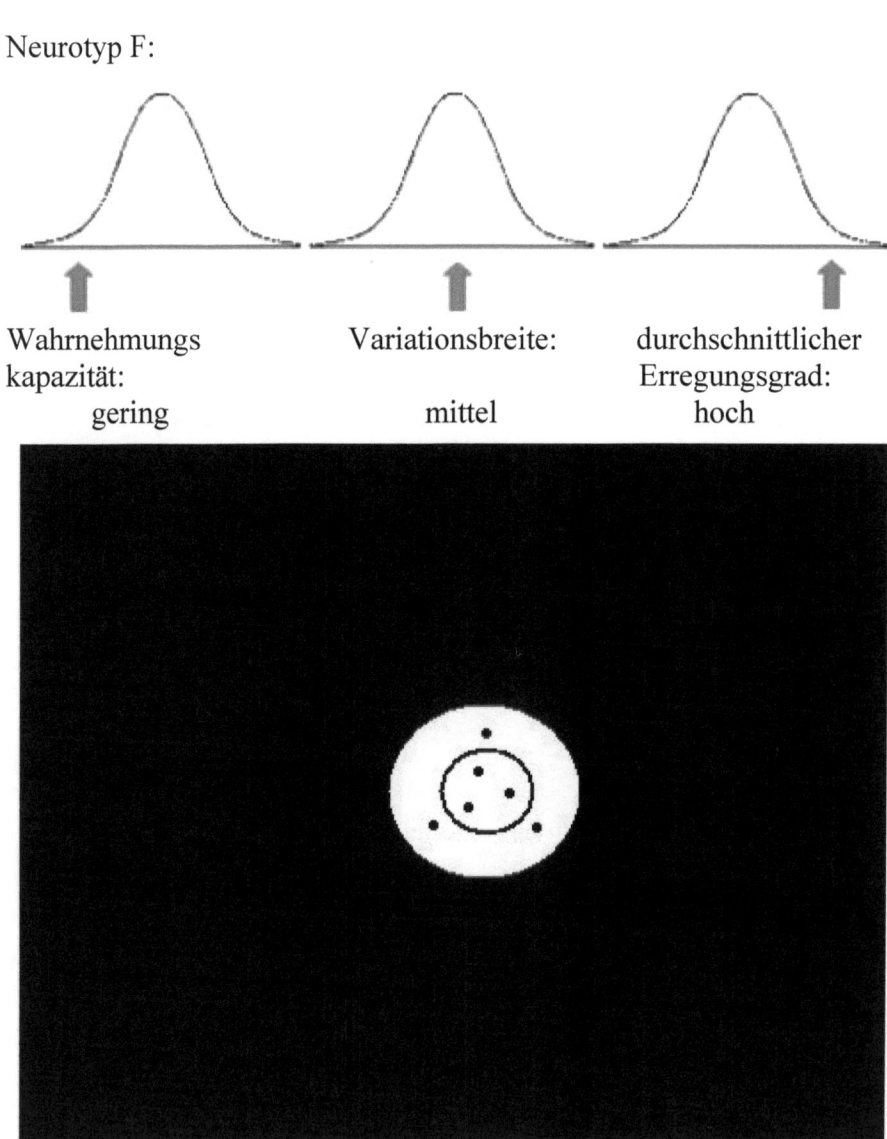

Wahrnehmungs
kapazität:
   gering

Variationsbreite:

   mittel

durchschnittlicher
Erregungsgrad:
   hoch

Wahrnehmung im Zustand geringer Anspannung

Neurotyp F:

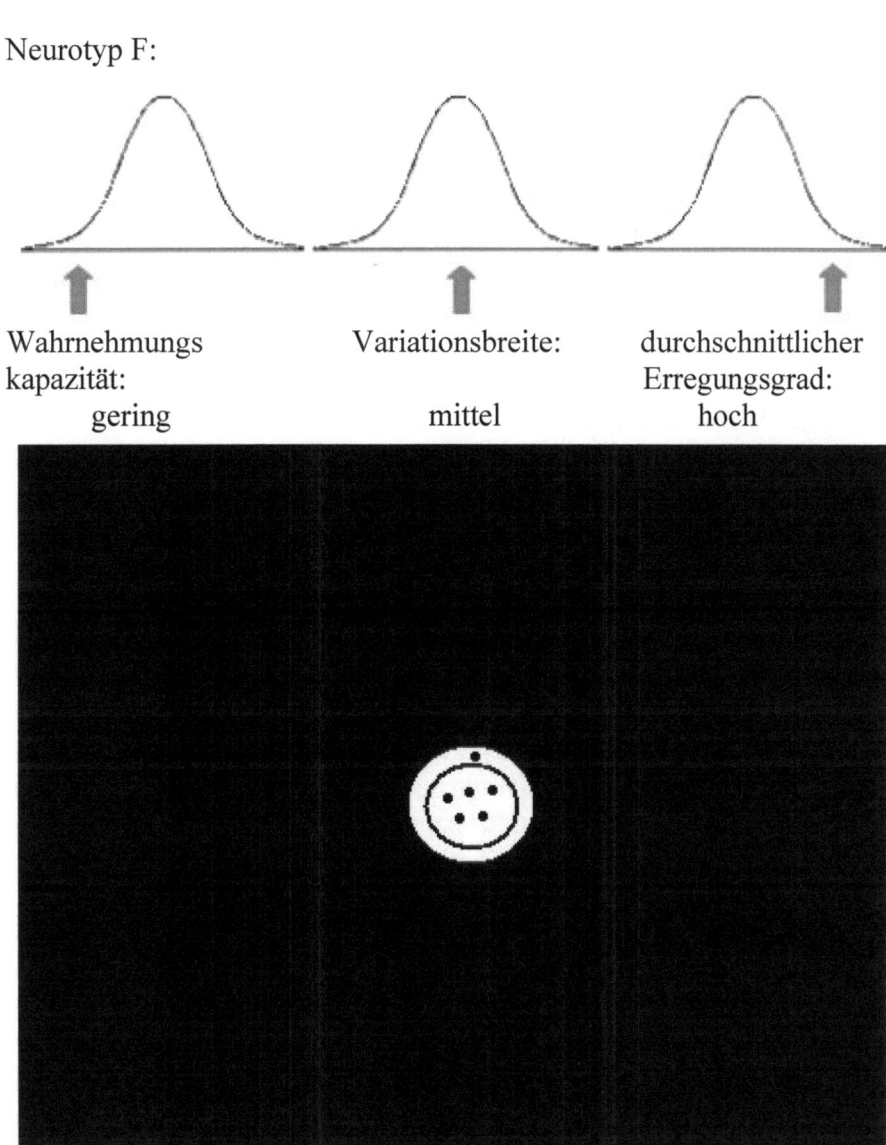

Wahrnehmungs kapazität:	Variationsbreite:	durchschnittlicher Erregungsgrad:
gering	mittel	hoch

Wahrnehmung in angespanntem Zustand

Die Neurotypen A, B und C unterscheiden sich nur in einem der drei Kriterien: der Wahrnehmungskapazität (gleiche Variationsbreite, gleicher durchschnittlicher Erregungsgrad, unterschiedlich große Wahrnehmungskapazität).
B bekommt in allen drei Zuständen der Anspannung mehr mit als A. Sowohl im Bereich der Aufmerksamkeit (7 Punkte gegenüber 5 Punkten im Zustand mittlerer Anspannung, 5:3 bei geringer Anspannung, 9:7 im Zustand der Konzentration).

Neurotyp C hat selbst im Zustand der Konzentration aufgrund seiner geringen Wahrnehmungskapazität nur 4 Punkte im Bereich der bewussten Wahrnehmung. Er muss sich konzentrieren, um Aufgaben zu bewältigen, die Neurotyp A im Zustand mittlerer Anspannung und Neurotyp B sogar völlig relaxt hinbekommt.
Der Wahrnehmungskanal von Neurotyp C kann sich infolge der geringen Wahrnehmungskapazität nicht weit öffnen, das Wahrnehmungs-Nichts ist selbst im Zustand der Entspannung vergleichsweise groß.

Neurotyp D befindet sich in der glücklichen Lage, sowohl mit einer großen Wahrnehmungskapazität als auch mit der Fähigkeit ausgestattet zu sein, sich bei Bedarf gut konzentrieren, aber auch ebenso gut entspannen zu können (große Variationsbreite).

Neurotyp E hat eine ebenso große Wahrnehmungskapazität wie Neurotyp D. Ihm geht jedoch die Fähigkeit ab, sich gut konzentrieren zu können (geringe Variationsbreite). Er muss sich ebenso wie Neurotyp A anstrengen (trotz größerer Wahrnehmungskapazität: 14:10 Punkte), um eine Aufgabe lösen zu können, die Neurotyp C trotz gleich großer Wahrnehmungskapazität (14:14 Punkte) selbst im Zustand geringer Anspannung hinbekommt (in allen drei Fällen 5 Punkte im Bereich der Aufmerksamkeit). Im Zustand der Konzentration kann er bei weitem nicht mit Neurotyp D mithalten (5:13 Punkte im Bereich der Aufmerksamkeit). Dafür hat er den Vorteil, dass er auch im

Zustand hoher Konzentration mitbekommen dürfte, wenn sich ihm ein missliebiger Zeitgenosse nähert, um ihm eine Nadel ins Gesäß zu rammen, denn sein Wahrnehmungskanal ist immer vergleichsweise weit geöffnet. Falls sich der missliebige Zeitgenosse jedoch geräuschlos genug angeschlichen und sein Vorhaben mit Erfolg gekrönt hat, wird sich auch der Wahrnehmungskanal von Neurotyp E auf einen winzigen Punkt zusammenziehen und das Wahrnehmungs-Nichts dementsprechend groß sein, denn mit Variationsbreite ist eben nur das Maß gemeint, in dem jemand <u>auf bewusster Ebene</u> vom Zustand der Konzentration in den der Entspannung wechseln kann und umgekehrt.

Bei Neurotyp F ist das Wahrnehmung-Nichts in allen drei Zuständen ziemlich groß. Der Grund dafür ist seine geringe Wahrnehmungskapazität in Verbindung mit einem hohen Erregungslevel.

Bei den folgenden drei Neurotypen G,H und I ist das Wahrnehmungs-Nichts sehr groß. G zeigt einen Autisten mit geringer, H einen mit mittlerer und I einen mit großer Wahrnehmungskapazität. Charakteristisch für autistische Menschen ist die Kombination aus geringer Variationsbreite und hohem durchschnittlichem Erregungsgrad. Das Wahrnehmungs-Nichts von I ist trotz seiner überdurchschnittlichen Wahrnehmungskapazität stets überdurch-schnittlich groß – ein Widerspruch der eben nur ein scheinbarer ist.

Neurotyp G (Autist mit geringer Wahrnehmungskapazität):

Wahrnehmungs kapazität:	Variationsbreite:	durchschnittlicher Erregungsgrad:
gering	gering	hoch

Wahrnehmung im Zustand hoher Anspannung

Neurotyp G (Autist mit geringer Wahrnehmungskapazität):

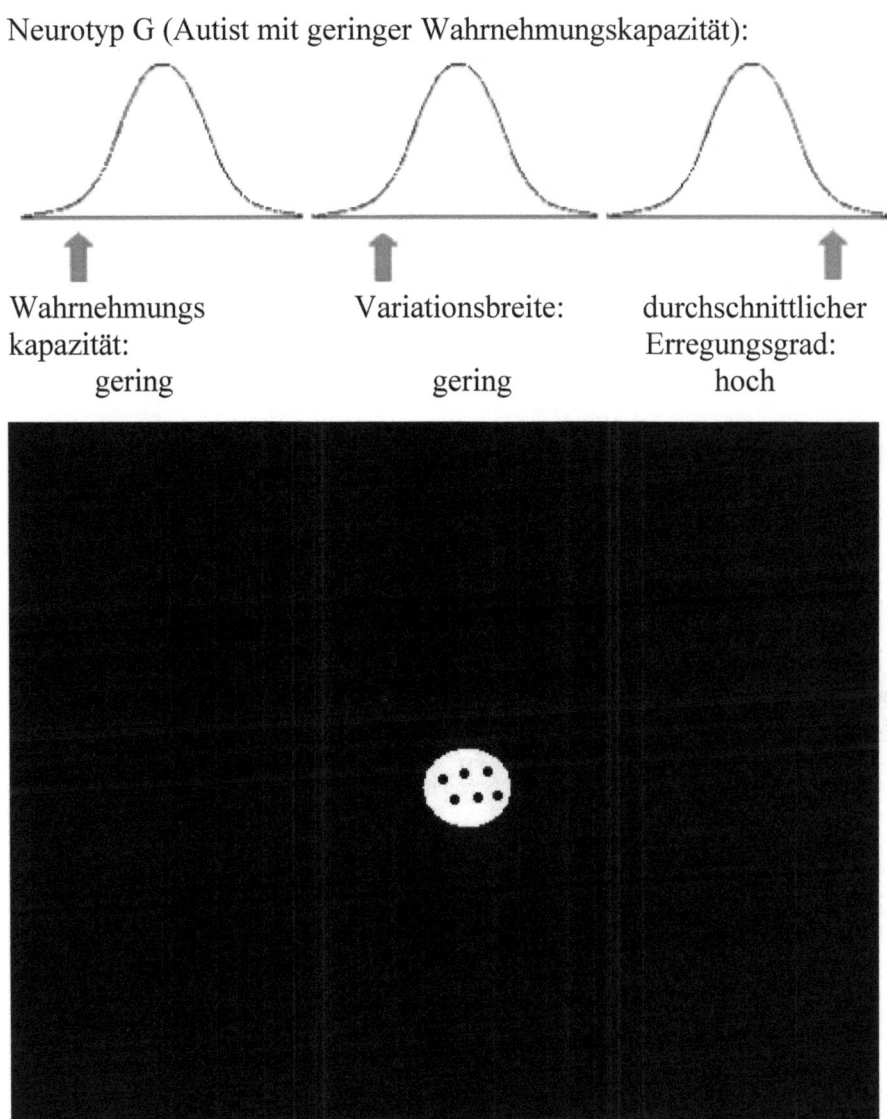

Wahrnehmungs kapazität:	Variationsbreite:	durchschnittlicher Erregungsgrad:
gering	gering	hoch

Wahrnehmung im Zustand höchster Konzentration

Neurotyp H (Autist mit mittlerer Wahrnehmungskapazität):

Wahrnehmungs kapazität:	Variationsbreite:	durchschnittlicher Erregungsgrad:
mittel	gering	hoch

Wahrnehmung im Zustand hoher Anspannung

Neurotyp H (Autist mit mittlerer Wahrnehmungskapazität):

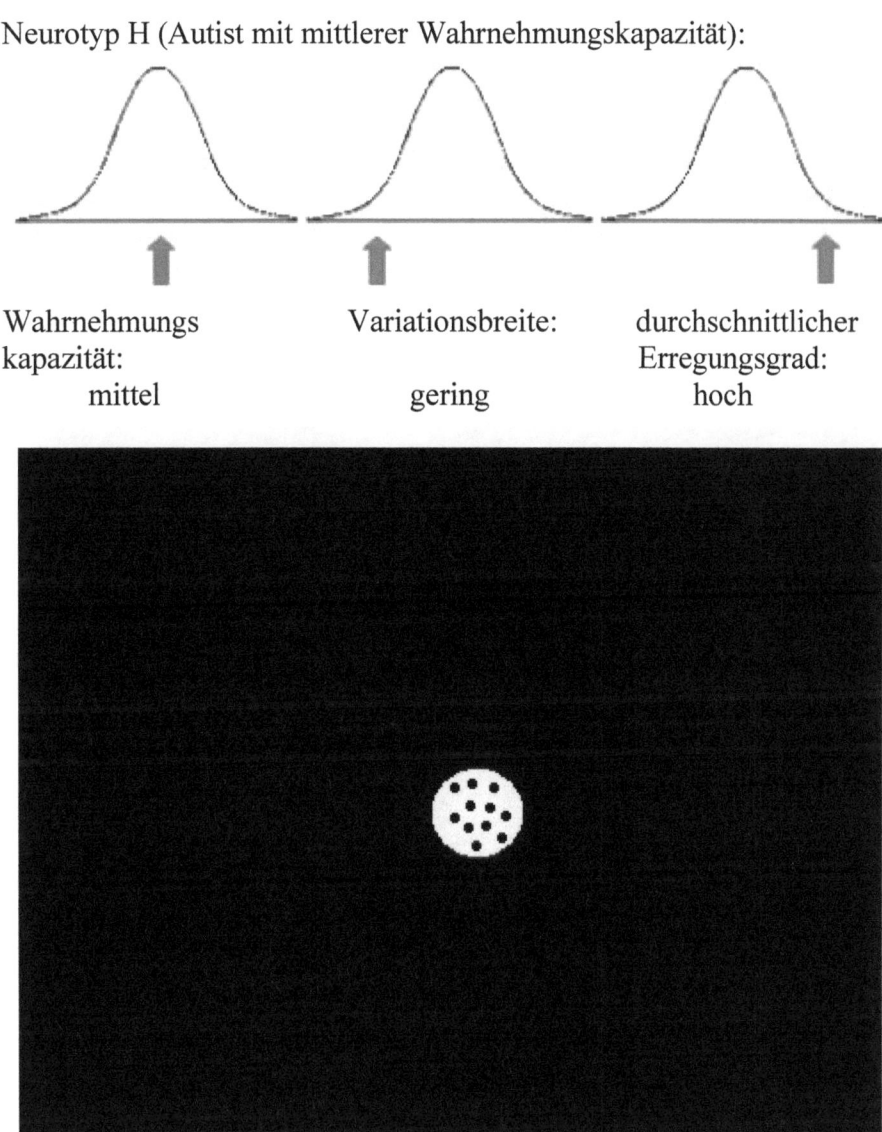

Wahrnehmungs kapazität:	Variationsbreite:	durchschnittlicher Erregungsgrad:
mittel	gering	hoch

Wahrnehmung im Zustand höchster Konzentration

Neurotyp I (Autist mit großer Wahrnehmungskapazität):

Wahrnehmungskapazität:	Variationsbreite:	durchschnittlicher Erregungsgrad:
groß	gering	hoch

Wahrnehmung im Zustand hoher Anspannung

Neurotyp I (Autist mit großer Wahrnehmungskapazität):

Wahrnehmungs kapazität:	Variationsbreite:	durchschnittlicher Erregungsgrad:
groß	gering	hoch

Wahrnehmung im Zustand höchster Konzentration

Anders als bei den Neurotypen A bis F habe ich bei den Autisten G, H und I nicht zwischen geringer, mittlerer und hoher Anspannung unterschieden, sondern nur zwischen hoher Anspannung und höchster Konzentration. Es ist eben gerade die Unfähigkeit, auch mal "runterzukommen", die Autisten von Neurotypischen unterscheidet – jedenfalls in Umgebungen mit einem gewissen Reizlevel. Hohe Anspannung führt zu einer Einengung der Wahrnehmung (großes Wahrnehmungs-Nichts) und die wiederum führt in den Augen der Mehrheit der Menschen, nämlich jene, deren Wahrnehmung weniger stark eingeengt ist, dann zu dem, was sie per Autismus-Definition als Probleme im sozialen Umgang, Auffälligkeiten bei der sprachlichen und nonverbalen Kommunikation und als eingeschränkte Interessen und stereotype Verhaltensmuster interpretieren. Doch jeder Mensch hat eingeschränkte Interessen und stereotype Verhaltensweisen, jeder macht gerne die gleichen Bewegungen und schaut bevorzugt diese oder jene Sendungen, liest häufig die Literatur dieses oder jenes Genres. Es fällt eben nur auf, wenn jemand noch viel eingeschränktere Interessen zeigt und sehr viel stereotypere Verhaltensmuster an den Tag legt, als es der Durchschnitt tut. Wer sich an einer Diskussion zu beteiligen, oder auch nur einen längeren Satz bilden will, muss fähig sein, seinen Wahrnehmungs-Kanal so weit offen zu halten, wie dies die Beteiligung an der Diskussion oder das Formulieren des Satzes erfordert. Wer immer nur auf etwas fokussiert ist, wird zwangsläufig Probleme im sozialen Umgang haben.[6]

---

6 Aus der Sichtweise von Neurotyp D ist Neurotyp A, also der Durchschnittsmensch, etwas ähnliches wie es Neurotyp G für Neurotyp A ist, allerdings teilt D seine Sichtweise bei weitem nicht mit so vielen Menschen wie es A tut, deshalb wird sich die mehrheitsfähige Ansicht von A durchsetzen.

Missverständnisse und Denkfehler

"Siehst du denn nicht, dass...?" "Merkst du eigentlich nicht, dass...? "Denkst du eigentlich auch mal an dieses oder jenes?" "Das muss doch nicht gerade jetzt sein!" "Das hast du doch gerade erst gemacht (oder gesagt)!" "Stört dich das nicht?" "Warum hast du das nicht vorgezogen (oder dazwischengeschoben oder zuletzt gemacht)?" Derlei Äußerungen dürften beim Zusammentreffen von Autisten und sogenannten "Neurotypischen" häufig zu hören sein.

Sollte die im vorangegangenen Kapitel vorgenommene Kategorisierung verschiedener Neurotypen den Kern des Phänomens Autismus auch nur in Ansätzen wiedergeben, dürfte jedem Nichtautisten, der über die Fähigkeit verfügt, sich in andere hineinzuversetzen und die dem Menschen innewohnende Neigung unterdrückt, von sich auf andere zu schließen, recht schnell klar werden, dass Autisten gar nicht anders können, als eben jene Verhaltensweisen an den Tag zu legen, die als typisch autistisch gelten. Sie kriegen eben vieles von dem nicht mit, was Nichtautisten registrierten, weil es sich in ihrem Wahrnehmungs-Nichts befindet. Aber umgekehrt bekommen auch Nichtautisten vieles von dem, was Autisten sofort registrieren, nicht mit, weil ihr Gehirn einfach mehr Eindrücke filtert, d. h. nur auf unbewusster, nicht aber auf bewusster Ebene wahrnimmt (graue Punkte).

Eine halbwegs brauchbare Methode, mittels derer sich Nichtautisten zumindest ein wenig in die Lage von Autisten versetzen können, ist, sich vorzustellen, sie hätten einen engen Terminplan abzuarbeiten, wobei es sich um Fixtermine handelt, die nicht nach Belieben vorgezogen, verschoben oder gar abgesagt werden können.
Nichtautisten haben den unschätzbaren Vorteil, dass sie einfach mehr in den Bereich der peripheren Wahrnehmung packen können. Das

erleichtert es ihnen, Dinge im Hinterkopf zu behalten und flexibel auf unvorhergesehene Ereignisse zu reagieren.

Nehmen wir an, ein Nichtautist plant seinen Tagesablauf. Er geht morgens aus dem Haus, um zu seiner Arbeitsstelle zu gelangen, später will er noch ein paar Einkäufe tätigen, sich eine Ausstellung ansehen und zum Frisör gehen. Normalerweise beginnt er um 9.00 Uhr mit der Arbeit, hat von 12.00 Uhr bis 14.00 Uhr Mittagspause und um 18.00 Uhr Dienstschluss. Er fährt mit dem Zug, der morgens um 8.00 Uhr von seinem Wohnort abfährt und um 8.30 Uhr die Stadt erreicht, in der er arbeitet. Abends fährt er mit dem 18.30-Uhr-Zug zurück, um 19.00 Uhr erreicht er seinen Wohnort. Unterstellen wir weiter, dass sich unser Nichtautist in der glücklichen Lage befindet, seine Arbeitszeit flexibel gestalten zu können, sein Arbeitgeber gibt ihm lediglich vor, sieben Stunden am Arbeitsplatz zu sein. An diesem Tag steht eine Besprechung auf dem Dienstplan, die von 10.30 Uhr bis 12.00 Uhr dauern soll. Unser Nichtautist legt sich folgenden Plan zurecht:

- 8.00 Uhr Abfahrt mit dem Zug
- 8.30 Uhr Ankunft am Bahnhof des Ortes, an dem er seine Arbeitsstelle hat
- 8.30 Uhr - 9.00 Uhr Frisörbesuch
- 9.00 Uhr - 10.30 Uhr Vorbereitung der dienstlichen Besprechung
- 10.30 Uhr - 12.00 Uhr Besprechung
- 12.00 Uhr - 14.00 Uhr Mittagspause, eine Stunde davon Besuch der Ausstellung, die andere Stunde Mittagessen und Entspannung in einem Restaurant
- 14.00 Uhr - 18.00 Uhr Arbeit
- 18.00 Uhr - 18.30 Einkäufe tätigen
- 18.30 Uhr – 19.00 Uhr Heimfahrt

Während er im Zug sitzt, um zu seiner Arbeitsstelle zu gelangen, erhält er einen Anruf auf seinem Handy. Es ist sein Chef, der ihm mitteilt, dass die Besprechung nicht wie vorgesehen von 10.30 Uhr bis 12.00 Uhr stattfinden wird, sondern von 9.00 Uhr bis 11.00 Uhr. Der Plan ist im Eimer! Was also tun? Da der Nichtautist seinen Tagesablauf im Hinterkopf (periphere Wahrnehmung) hat, dürfte die neue Situation für ihn keine allzu große Belastung darstellen. Seine Überlegungen könnten etwa wie folgt aussehen.

"Ich habe keine Zeit, mich wie ursprünglich gedacht von 9.00 Uhr bis 10.30 Uhr auf die Besprechung vorzubereiten, da sie ja nun schon um 9.00 Uhr beginnt. Vielleicht ist es besser, wenn ich den Frisörbesuch verschiebe und mich stattdessen wenigstens eine halbe Stunde, von 8.30 Uhr bis 9.00 Uhr, so gut es eben geht, vorbereite. Wenn ich mich beeile, kann ich sogar noch eine Viertelstunde früher am Arbeitsplatz sein, also um 8.15 Uhr. Dann habe ich wenigstens eine Dreiviertelstunde Vorbereitungszeit. Vielleicht kann ich die Zugfahrt ja schon dazu nutzen, mir eine Strategie zurechtzulegen, um meine womöglich etwas unzureichende Vorbereitung bestmöglich zu überspielen."

Die Besprechung endet wie vorgesehen um 11.00 Uhr; nun kann sich der Nichtautist entscheiden, wie er seine Planungen mit den veränderten Gegebenheiten und seiner Pflicht, sieben Stunden am Arbeitsplatz anwesend zu sein, unter einen Hut bekommt.

"Ursprünglich hätte ich von 9.00 Uhr bis 12.00 Uhr gearbeitet, nun ist es 11.00 Uhr, ich habe aber schon um 8.15 Uhr angefangen. Wenn ich meine Mittagspause gleich beginne und um 13.45 Uhr beende, kann ich den Rest des Tages wie geplant verbringen. In der Mittagspause könnte ich den Frisörbesuch nachholen, die Ausstellung besuchen und etwas essen. Vielleicht gehe ich auch gleich zur Ausstellung und verschiebe den Frisörbesuch auf morgen, oder ich verzichte ganz auf die Ausstellung und mache stattdessen nur eine kurze Mittagspause. Dann kann ich meine Einkäufe erledigen und mit einem früheren Zug nach Hause fahren. Oder ich mache eine kurze Mittagspause, verzichte auf mein Mittagessen und nehme mir nach Dienstschluss viel Zeit für die Ausstellung; falls sie mir gefällt, könnte ich auch lange dort bleiben und einen späteren Zug nehmen."

Derartige Gedankengänge kann ein Autist nur schwer nachvollziehen. Für ihn sind plötzlich auftretende, unvorhersehbare Änderungen seines Tagesablaufs der blanke Horror. Der Grund dafür: seine begrenzte periphere Wahrnehmung. Das was der Nichtautist in unserem kleinen Beispiel recht mühelos konnte, nämlich den Plan für seinen Tagesablauf mal eben schnell vom Bereich der peripheren Wahrnehmung in den Bereich der Aufmerksamkeit zu schieben, einen neuen Plan zu erstellen und diesen dann wiederum im Bereich der peripheren Wahrnehmung abzulegen, um ihn im Bedarfsfall abermals anzupassen, konnte er eben nur deshalb, weil er in den Bereich seiner peripheren Wahrnehmung mehr reinpacken kann, als dies der Autist zu tun vermag. Ein Autist, den der Anruf seines Chefs im Zug ereilt hätte, würde von dieser Änderung seines Tagesablaufs möglicherweise derart schockiert, dass er in ernster Gefahr wäre, zu vergessen, an seinem Zielbahnhof auszusteigen (denn auch dies erfordert einen Teil der Aufmerksamkeit).

Wahrscheinlich hätte er die Zeit vor der Besprechung minutiös geplant und wäre nun heillos damit überfordert, Wichtiges von weniger Wichtigem zu trennen und Letzteres zugunsten Ersterem wegzulassen, um wenigstens noch so halbwegs vorbereitet zu erscheinen. Dafür würde er wahrscheinlich in einer Besprechung, die zum geplanten Zeitpunkt beginnt, viel besser vorbereitet sein als sein nichtautistisches Pendant, was noch nicht notwendigerweise bedeutet, dass dies dem Rahmen, in dem die Besprechung stattfindet, angemessen wäre. Der Grund hierfür ist die Detailversessenheit, die für autistische Menschen charakteristisch ist. Ein Autist, der sich auf die Besprechung vorbereitet, hätte (zu einem vorher von ihm festgelegten Zeitpunkt) das

Thema der Besprechung in den Bereich seiner Aufmerksamkeit genommen. Da er dort viel mehr wahrnimmt, als es ein Nichtautist mit vergleichbarer Wahrnehmungskapazität tut, hat er auch mehr Anknüpfungspunkte, die er einbeziehen und in der Besprechung vortragen kann. Sein Vortrag wäre entsprechend detailreicher, was von den übrigen Teilnehmern der Besprechung (so es sich bei ihnen nicht auch um Autisten handelt) je nach Gusto als besonderer Fleiß oder als Pedanterie ausgelegt würde. Der Blick fürs Detail ist es, der Autisten auszeichnet, Improvisation ist nicht ihr Ding.

Auch würde ein Autist wohl kaum den Besuch einer Ausstellung, von dem er nicht genau weiß, was ihn dort erwartet und wie lange er dauert, in seine Mittagspause legen. Dies wäre mit zu vielen Unwägbarkeiten verbunden, auf die er womöglich flexibel reagieren müsste, was ihn leicht überfordern könnte. Stattdessen würde er seine Mittagspause immer auf dieselbe Weise verbringen, am besten in reizarmer Umgebung, die seine Aufmerksamkeit nicht über Gebühr beansprucht. Sich spontan zum Besuch eines Straßencafés entscheiden, etwa weil die ersten wärmenden Sonnenstrahlen nach einem langen Winter dazu einladen, käme ihm wahrscheinlich ebenso wenig in den Sinn wie einfach ziellos durch die Fußgängerzone zu schlendern. Stattdessen würde er es zu schätzen wissen, zu einem festgelegten Zeitpunkt sein Mittagessen einnehmen zu können, danach vielleicht zur selben Toilette zu gehen wie sonst auch und den Rest der Mittagspause genauso zu verbringen, wie er es gewohnt ist. Die Gewohnheit ist Autisten heilig.

Was einem Autisten ebenfalls wohl kaum in den Sinn käme, ist, seinen Frisörbesuch mal eben irgendwo dazwischenzuschieben oder auf einen anderen Tag zu verlegen, denn das würde seine Planungen für besagten Tag durcheinander bringen und das ist etwas, was Autisten krampfhaft zu vermeiden versuchen. Ein Autist würde stattdessen immer an einem festgelegten Tag und zur selben Zeit beim Frisör auftauchen in der Hoffnung oder gar Erwartung, dass er immer zur gleichen Zeit den

Salon wieder verlassen kann.

Überhaupt scheinen viele Autisten, von sich auf andere schließend, dazu zu neigen, den Grund für plötzliche Veränderungen, die ihren gewohnten Tagesablauf stören, in der Unzulänglichkeit ihrer Zeitgenossen zu suchen. Viele von ihnen scheinen zu glauben, dass das Chaos ein für allemal aus der Welt verschwinden würde, wenn nur alle anderen ebenso planvoll und strukturiert vorgehen würden wie sie selbst. "Wenn alle so verlässlich wären wie ich und immer am gleichen Wochentag zur gleichen Zeit zum selben Frisör gehen würden und sich die Haare immer auf die gleiche Weise schneiden ließen so wie ich, und auch der Frisör endlich einmal die Vorzüge eines geregelten, durchgeplanten und strukturierten Tagesablaufs erkennen würde so wie ich, wenn also alle immer alles auf die gleiche Weise tun würden so wie ich, dann müsste ich doch immer gleich drankommen und nicht noch warten müssen." Warten zu müssen, ist für Autisten purer Stress, zum einen weil sie schlecht entspannen können und anstatt gelangweilt in irgendwelchen ausliegenden Zeitschriften zu blättern, das Geschehen um sie herum konzentriert wahrnehmen würden, um endlich einen Hinweis darauf zu bekommen, dass es endlich weitergeht. Und zum anderen weil ihr geplanter Tagesablauf in Unordnung gerät, und das umso mehr, je länger sie unproduktiv herumsitzen müssen.
Der Frisör sollte sich nicht allzu sehr wundern, wenn der Autist seinen Unmut über die seiner Meinung nach unzumutbar lange Wartezeit unverhohlen zum Ausdruck bringt. "Die Wahrheit darf man ja wohl noch sagen!"

Gewiss sind es oft die Unzulänglichkeiten, Schlampereien oder Versäumnisse ihrer Zeitgenossen, aufgrund derer es zu für Autisten so schwer zu ertragenden außerplanmäßigen Änderungen ihres Tagesablaufs kommt. Doch die Welt ist nun einmal kein Uhrwerk. Manchmal ist es eben ein Sturm, der Bäume knicken und den Zug ausfallen lässt, den der Autist fahrplanmäßig erwartet.

Eine Gesellschaft, die danach trachten würde, sämtliche Unwägbarkeiten auszuschließen, etwa indem alle Bäume, die vielleicht irgendwann umknicken und dadurch den reibungslosen Ablauf des Bahnverkehrs beeinträchtigen könnten, gefällt werden, so eine Gesellschaft wäre gezwungen, weitaus mehr Ressourcen zu verbrauchen, als sie es tun muss, um mit den Folgen der Unwägbarkeiten fertig zu werden.

Darüber hinaus wird es nichtautistischen Menschen, die bei der Bewältigung ihres Alltags ein höheres Maß an Flexibilität an den Tag legen können, einfach nicht in den Sinn kommen immer alles zur gleichen Zeit auf dieselbe Weise zu machen. Konflikte sind somit vorprogrammiert.

In den Augen eines Autisten ist das Verhalten eines Nichtautisten unberechenbar, chaotisch, unkonzentriert, unstrukturiert, unmotiviert und oberflächlich. Der Autist seinerseits verhält sich in den Augen eines Nichtautisten pingelig, halsstarrig, anpassungsunfähig, stereotyp, ichbezogen und perfektionistisch. Er, der Nichtautist, kann, ebenfalls von sich auf andere schließend, einfach nicht verstehen, wie jemand derart unnachgiebig darauf beharren kann, dass immer alles zur gleichen Zeit auf dieselbe Weise zu geschehen hat und die Dinge des täglichen Gebrauchs immer am selben Ort aufzubewahren sind. Den meisten Nichtautisten ist es relativ egal, ob der rote Stift in der Schublade vorne links oder vorne rechts liegt, der Autist wird ihn wahrscheinlich immer genau an derselben Stelle ablegen. Dem Nichtautisten dürfte der Stift beim Herausziehen der Schublade dank seiner selektiveren Wahrnehmung gleich in Auge springen, ob er nun links oder rechts liegt. Dem Autisten seinerseits würden aufgrund seiner Fähigkeit, mehr Details im Bereich der Aufmerksamkeit wahrzunehmen, beim Öffnen des Schubes viel mehr Dinge ins Auge springen als dem Nichtautisten, vielleicht so viele, dass er gar nicht mehr auf die Idee käme, einen Blick auf die gegenüberliegende Seite zu werfen.

Ein Autist schätzt es, sich zu 100 Prozent auf eine Sache konzentrieren zu können, diese zu Ende zu bringen, um danach seine ganze Aufmerksamkeit einer anderen Sache widmen zu können. Bietet ihm sein Umfeld die Möglichkeiten dazu, kann er unter Umständen Hervorragendes leisten, da ihm nicht so viele Gedanken im Hinterkopf herumschwirren und seine Konzentration stören. Doch das Chaos des täglichen Lebens erfordert eben meist auch die periphere Wahrnehmung und das oberflächliche Abschätzen einer Situation. Stellen Sie sich einen Autofahrer vor, der sämtliche Details eines vorausfahrenden Fahrzeugs wahrnehmen möchte, dafür aber kein Auge dafür hat, was links und rechts von ihm passiert. Er würde sicher nicht weit kommen. Hier ist es das oberflächliche Abschätzen sich rasch ändernder Situationen, das es dem Fahrer ermöglicht, mögliche Gefahrensituationen frühzeitig zu erkennen und flexibel zu reagieren. Autisten interpretieren die Oberflächlichkeit von Nichtautisten meist als Unzulänglichkeit doch es ist gerade die Oberflächlichkeit bei der Wahrnehmung von Details, die es dem Betreffenden ermöglicht, gewisse Dinge "so am Rande" mitzubekommen, die bei Autisten im Wahrnehmungs-Nichts liegen.

Abwägen contra Entscheiden

Die Verschiedenartigkeit ihrer Wahrnehmung ist es auch, die zwangsläufig zu fundamentalen Unterschieden bei der Entscheidungsfindung von Autisten und sogenannten Neurotypischen führen muss. Nehmen wir an, die Anschaffung eines Notebooks steht an.

Ein Autist wird wahrscheinlich mehr Details, die unmittelbar die Funktion des Notebooks selbst oder aber das Preis-Leistungsverhältnis betreffen, in den Blick nehmen: Größe des Arbeitsspeichers, Prozessorleistung, Vor- und Nachteile des installierten Betriebssystems, Akkuleistung, Bildschirmauflösung, Zahl der USB-Anschlüsse, Garantieleistungen etc. Er wird womöglich einige

Computerzeitschriften wälzen und zum Schluss zu einem fachlich qualifizierten Urteil gelangen, das ihm dann als Grundlage für seine Kaufentscheidung wertvolle Dienste leistet. Dagegen ist natürlich nichts einzuwenden, im Gegenteil.

Demgegenüber wird ein Nichtautist vielleicht nicht sämtliche technischen Details bis ins Letzte ergründen wollen, sondern den Kauf in einem etwas größeren Rahmen sehen, d. h. auch ein paar Dinge berücksichtigen, die gar nichts mit dem Notebook selbst zu tun haben. "Brauche ich jetzt überhaupt ein Notebook oder sollte ich das Geld nicht lieber versaufen?" "Mein Auto muss bald zum TÜV; vielleicht ist es besser, so lange zu warten, um zu sehen, wie viel Geld mir danach noch für den Kauf eines Notebooks übrig bleibt."

Solche Fragen könnte ein Autist wiederum so deuten, dass derjenige, der sie in den Raum wirft, einfach nicht bei der Sache bleiben kann. Dies alles sind für ihn verschiedene Themen, denen man sich nacheinander und nicht gleichzeitig zu widmen habe.

So sachlich korrekt das Urteil des Autisten auch immer ausfallen wird, je mehr Details er auch berücksichtigt: In einer Welt, in der alles begrenzt ist, von der Lebensspanne, die einem gegeben ist, bis zum Geld, das man zur Verfügung hat, hängt irgendwie alles mit allem zusammen. Da kann es durchaus hilfreich sein, sachfremde Aspekte wenigstens am Rande einfließen zu lassen.

Eine weitere Eigenart, die Nichtautisten bei ihren autistischen Mitmenschen zuweilen mit Befremden registrieren, ist deren oft unzureichend ausgeprägte Fähigkeit, ihr Verhalten dem gesellschaftlichen Rahmen anzupassen. Dies erscheint wenig verwunderlich, ist es doch gerade der Rahmen, den man überhaupt erst im Bereich der peripheren Wahrnehmung als solchen erkennen kann. Je geringer diese ausgeprägt ist, desto unvollständiger wird auch das Bild sein, das sich der Betreffende davon machen kann, was gerade en vogue ist. Der Rahmen eines Autisten ist eben enger, es ist sein Wahrnehmungs-Nichts, das ihm Grenzen setzt. Da spielt es keine Rolle, ob der Chef gerade vielsagend die Stirn runzelt oder die

Lautstärke der Konversation, die man gerade führt, der Örtlichkeit, in der man sich befindet, angemessen sein sollte. So etwas, das sich am Rande abspielt, haben Autisten einfach nicht auf dem Schirm (es sei denn, sich richten ihre Aufmerksamkeit gezielt darauf, was dann aber dazu führen muss, dass sie wiederum andere, sich am Rande abspielende, Dinge nicht wahrnehmen können), weil bei ihnen der Bereich des Wahrnehmungs-Nichts eben besonders groß ist.

Mag das Verhalten autistischer Menschen in den Augen von Nichtautisten zuweilen nicht den Umständen angepasst erscheinen, so beruht diese Einschätzung durchaus auf Gegenseitigkeit. Insbesondere das unkonkrete Small-Talk-Geschwafel, das häufig am Beginn einer Unterhaltung steht, scheint in der Wahrnehmung von Autisten den Umständen nicht angepasst zu sein. "Heute ist das Wetter aber mal wieder unmöglich." "Wie war Ihr Tag denn so?" "Ich hoffe, Sie hatten eine angenehme Anreise." Diese, von Nichtautisten gerne in den Raum geworfenen, Gesprächsanbahnungsrituale sind für einen Autisten eher irritierend. Was, so könnte er sich etwa fragen, hat das heutige Wetter in einem Gespräch zu suchen, in dem es beispielsweise über die Urlaubsplanung für das nächste Jahr geht? Wer mit einem Autisten Small-Talk führen möchte, sollte nicht in Erstaunen verfallen, wenn der Autist das tut, was seinem Naturell entspricht, nämlich das angesprochene Thema in den Fokus zu nehmen und ausführlich und detailliert zu behandeln. Dies könnte sich etwa darin äußern, dass der Nichtautist auf die Frage "Wie war Ihr Tag denn so?" eine vollumfängliche, wenn nicht sogar minutengenaue, Schilderung des Tagesablaufs seines autistischen Gesprächspartners zu hören bekommt.

Die Floskel "Heute ist das Wetter aber mal wieder unmöglich." könnte ein Autist zum Anlass nehmen, den Nichtautisten darauf hinzuweisen, dass die Tatsache, dass das Wetter so ist wie es ist seine Unmöglichkeit ausschließt. "Wäre dieses Wetter unmöglich, dann müssten wir ein anderes haben." Oder er könnte mit detaillierten Vergleichswerten aufwarten, die beim Nichtautisten nur ungläubiges Staunen hervorrufen: "Heute vor einem Jahr war es morgens um acht mit 4,8 Grad Celsius bei Regen und einer Windgeschwindigkeit von 35 km/h sogar noch schmuddeliger als heute. Immerhin nieselte es heute zur gleichen Zeit bei Windstille nur leicht und die Temperatur lag mit 6,6 Grad nur um 3,4 Grad unter dem langjährigen Mittelwert für diesen Monat." Wird dann der Autist bei seinem Gegenüber die völlige Unkenntnis dieses Sachverhalts feststellen, so könnte leicht er es sein, der in ungläubiges Staunen verfällt: "Wenn sich der Kerl so für das Wetter interessiert, dass er das Gespräch damit beginnt, dann sollte man doch eigentlich annehmen dürfen, dass er diesbezüglich über vertiefte Kenntnisse verfügt."

Small-Talk ist für Autisten Zeitverschwendung: "Wenn jemand schon so wenig über das Wetter Bescheid weiß, dann wäre es doch ein Gebot der Effizienz, gleich zum Wesentlichen, nämlich dem eigentlichen Grund des Gesprächs, zu kommen."

Während Nichtautisten nach ein paar belanglosen Worten jedoch mühelos zum eigentlichen Thema übergehen können (weil sie es im Hinterkopf, also dem Bereich der peripheren Wahrnehmung behalten können), laufen Autisten Gefahr, den Faden zu verlieren. Sie konzentrieren sich so stark auf den angesprochenen Punkt (Bereich der Aufmerksamkeit), dass sie drumherum alles vergessen.

Die Fähigkeit, die unterschiedlichsten Aspekte des täglichen Lebens im Bereich der peripheren Wahrnehmung quasi im Hinterkopf behalten zu können, macht Nichtautisten auch weniger anfällig dafür, sich zu viel zuzumuten.

Da sie auch die weichen Faktoren, mit denen sie bei einer Unternehmung zu rechnen haben, bis zu einem bestimmten Grad mitberücksichtigen können (z. B. eventuell auftretende Schwierigkeiten oder Dinge, auf die sie verzichten müssten, wenn sie sich dazu entschließen, dieses oder jenes in Angriff zu nehmen), werden sie sich seltener der Gefahr aussetzen, sich oder ihr Umfeld zu überfordern. Die hohe Kunst des Abwägens ist nur denen gegeben, die verschiedene Details zusammenbringen und im größerem Zusammenhang betrachten können. Dass diese Betrachtung meist nur eine oberflächliche sein kann, liegt in der Begrenztheit der menschlichen Wahrnehmung begründet.

Autisten, die sich ganz und gar auf eine Sache konzentrieren, erliegen leicht dem Trugschluss, dass sie nur genug Informationen in einem Sachgebiet sammeln müssen, um anschließend dort auch tätig werden zu können. Dies mag durchaus der Fall sein, aber nur wenn es keine weichen Faktoren gibt, die es zu berücksichtigen gilt, oder wenn ihnen ihr Umfeld diese lästige Aufgabe abnimmt.

Eine Sache unter unterschiedlichen Aspekten zu betrachten, also abzuwägen, erfordert einen größeren zeitlichen Aufwand. Für Autisten sind derartige Überlegungen einfach nur sachfremd, sie wägen weniger ab und sind deshalb häufig schneller als Nichtautisten - schneller in dem was sie sagen oder tun und schneller bei ihren Entscheidungsfindungen. Nichtautisten fühlen sich dadurch oft vor den Kopf gestoßen, Autisten wiederum stoßen sich an der vermeintlichen Langsamkeit ihrer nichtautistischen Mitmenschen. Sie werten diese häufig als Entschlussschwäche, was sie dann in ihrer irrigen Annahme bestärkt, dass wenn nur alle so schnell und entschlussstark wären wie sie selbst, alle Unzulänglichkeiten, Verspätungen und Unwägbarkeiten, unter denen sie so leiden, vermeidbar wären.

Neben einem strukturierten Tagesablauf sind es vor allem klare Regeln, die Autisten benötigen, um sich nicht im alltäglichen Chaos zu verlieren. Auch dies kann zu Spannungen und Missverständnissen führen. Wiederum ist es die dem Menschen eigene Neigung, von sich auf andere zu schließen, die zu völlig unterschiedlichen Bewertungen ein und derselben Situation bei Autisten und Nichtautisten führen kann. Nehmen wir als Beispiel eine kleine Feier, die einige Leute in einem Garten in einem Wohngebiet abhalten. Nach dem Verzehr von gegrillten Würstchen und dem Genuss von ein paar Bier unterhalten sich die an der Feier Beteiligten noch angeregt, ab und lacht jemand, kurz: es geht ein bisschen lauter zu, ohne allerdings extrem auszuarten. Sollte nun irgendwann zwischen 22.00 Uhr und 22.01 Uhr ein Anruf wegen nächtlicher Ruhestörung bei der Polizei eingehen, ist es nicht gerade unwahrscheinlich, dass am anderen Ende der Leitung ein aufgebrachter Autist in der Nachbarschaft von seinem Recht Gebrauch macht, die ihm wie jedem anderen zustehende Nachtruhe einzufordern. Da der Autist von sich auf andere schließt, erwartet er, dass jeder seiner Zeitgenossen - wie er eben auch - vollumfänglich über die Rechtslage informiert ist (vielleicht wird er sogar den entsprechenden Paragraphen und die Rechtsprechung zu diesem Thema einschließlich Aktenzeichen im Wortlaut zitieren können). Er wird die Überschreitung der 22.00-Uhr-Grenze als mutwilligen Übertritt einer gesetzlichen Vorschrift interpretieren und bei denen, die sich des Übertritts schuldig gemacht haben, mangelndes Unrechtsbewusstsein unterstellen. Und er wird keinen Grund sehen, warum er diejenigen, die von Berufs wegen im Rechtsstaat die Einhaltung der Gesetze zu gewährleisten haben, also die Polizei, nicht unverzüglich von diesem Rechtsbruch in Kenntnis setzen sollte. Und was soll man sagen? Er hat natürlich recht.

Bei den Polizisten und den Feiernden, die kurz nach zehn Besuch von der Staatsmacht bekommen, wird, sofern es sich bei ihnen nicht um Autisten handelt[7], dieses Verhalten wahrscheinlich nur Kopfschütteln hervorrufen. In ihren Augen ist das Verhalten des Autisten nichts anderes als Prinzipienreiterei. Auch sie schließen von sich auf andere und von ihnen käme kaum jemand auf die Idee, alle dreißig Sekunden auf die Uhr zu schauen, um auch ja nicht nach 22.00 Uhr mit einem unbedachten Lachen die zulässige Dezibel-Grenze zu überschreiten. "Hätte er halt bei ihnen anstatt gleich bei der Polizei angerufen – dann hätte man sich schon geeinigt." wäre etwa eine typische Reaktion bei den Feiernden. "Jetzt ist es gerade mal ein paar Sekunden nach zehn, warten Sie halt noch ein paar Minuten, vielleicht beruhigt sich die Lage

---

7   wovon definitiv auszugehen ist, da Polizisten in ihrem Job ständig flexibel auf Unvorhersehbares reagieren können müssen und nächtliche Feiern nicht gerade autistentypisch sind

ja gleich." könnten die Polizisten dem erbosten Autisten raten und damit auf völliges Unverständnis stoßen. "Wozu haben wir denn Gesetze, ich halte mich daran und es ist mein Recht, darauf zu bestehen, dass meine Nachbarn dies ebenso tun! Und wenn der Gesetzgeber die Grenze bei exakt 22.00 Uhr zieht, steht es keinem Gesetzeshüter zu, diese willkürlich auf einen späteren Zeitpunkt zu verlagern. Wo kämen wir denn hin, wenn jeder die Rechtsvorschriften nach eigenem Gutdünken uminterpretieren dürfte?"

Den meisten Nichtautisten würde es wohl unter Abwägung mehrerer unterschiedlicher Aspekte und Handlungsoptionen ratsam erscheinen, nicht gleich die Polizei zu rufen. So könnte ihnen beispielsweise ein gedeihliches nachbarschaftliches Miteinander wichtiger sein, als Punkt 22.00 Uhr Ruhe zu haben, vor allem, wenn derartige "Lärmbelästigungen" nicht gehäuft auftreten. Oder sie würden sich vorstellen, was in einer Polizeistation los wäre, wenn an sämtlichen Orten des Reviers kurz nach zehn jeder, in dessen Umgebung es etwas zu laut ist, sofort zum Hörer greifen würde, um Anzeige zu erstatten. Oder sie würden sich einfach Stöpsel in die Ohren stecken. Oder sie würden sich noch ein Bier aus dem Kühlschrank holen. Oder sie würden es als angemessen ansehen, nach einer Weile mit den "Ruhestörern" Kontakt aufzunehmen, um zu versuchen, die Sache ohne großes Tamtam zu regeln. Überhaupt ist davon auszugehen, dass sich Nichtautisten, die weniger empfindlich auf Geräusche reagieren als hypersensible Autisten, nicht übermäßig gestört fühlen würden, falls die Lautstärke der Feier halbwegs im Rahmen bleibt. (Autisten und Nichtautisten definieren diesen Rahmen eben völlig unterschiedlich.)
Jeder der beiden, Autist wie Nichtautist, könnte das Verhalten des jeweils anderen als rücksichtslos und ichbezogen bewerten. In den Augen des Nichtautisten macht der Autist aus einer Mücke einen Elefanten, indem er eine Lappalie über Gebühr aufbauscht und zum Anlass nimmt, Streitigkeiten heraufzubeschwören.
Auf der anderen Seite ist es die mutwillige Nichtberücksichtigung gesetzlicher Vorgaben seitens der Ruhestörer, die in den Augen des

Autisten den Beweis für deren Ichbezogenheit und Rücksichtslosigkeit liefert.

Da es wesentlich mehr Nichtautisten als Autisten gibt, musste sich die mehrheitsfähige Auffassung durchsetzen, dass ichbezogenes Verhalten den für Autisten typischen Verhaltensweisen zuzurechnen ist.

Zu derlei Missverständnissen kommt es häufig, wenn Autisten auf Nichtautisten treffen. Das ist kaum zu vermeiden, da sich keiner der beiden Neurotypen wirklich in den jeweils anderen hineinversetzen kann und sich auch kaum jemand dessen immer bewusst ist.

Es ist ein Gebot der Höflichkeit, das sollte weitestgehend bekannt sein, dass ein junger Mensch in einem vollbesetzten Zug aufsteht, um einem älteren, der sichtlich Probleme mit dem Stehen hat, seinem Platz anzubieten. Doch nicht jeder junge Mensch, der in solchen Fällen sitzen bleibt, tut dies aus Unachtsamkeit, Unhöflichkeit oder Egoismus. Denkbar wäre auch, dass es sich um einen Autisten handelt, der in dieser Situation wesentlich achtsamer ist, als sich dies ein Nichtautist vorzustellen vermag, nur dass sich diese Achtsamkeit auf Dinge richtet, denen Nichtautisten kaum oder keine Beachtung schenken. Die Andersartigkeit seiner Wahrnehmung führt dann dazu, dass er es vielleicht gar nicht mitbekommt, dass ein älterer Mensch zugestiegen ist, weil er, anders als ein Nichtautist, viel mehr Begebenheiten in seiner Umgebung im Bereich seiner Aufmerksamkeit wahrnimmt: die Geräusche des Zuges, die Unterhaltungen anderer Zuginsassen, den Geruch, der aus dem Aschenbecher kommt, die Musik, die bei seinem Sitznachbarn aus dem Kopfhörer dringt, das Herumgewusel um ihn herum, das bei jeder Haltestelle ausbricht, wenn Leute aus- und zusteigen, das nervige Hin- und Herrollen einer leeren Getränkedose, die irgendein Idiot einfach unbedacht weggeworfen hat, anstatt sie ordnungsgemäß in einem der dafür vorgesehenen Müllbehälter zu entsorgen, all diese Dinge eben, von denen ein nichtautistischer Fahrgast nur einen Bruchteil mitbekommen würde, da sein Gehirn mehr Reize filtert. Während die Aufmerksamkeit des Autisten mit der

Wahrnehmung von Details ausgelastet ist, hat der Nichtautist noch Kapazitäten frei; er ist imstande, auch Begebenheiten, die sich an der Peripherie seiner Wahrnehmung abspielen, wahrzunehmen und deshalb wird er es sein, der überhaupt in Erwägung zieht, seinen Platz zugunsten eines älteren Mitbürgers zur Verfügung zu stellen. Während sich der Autist an der (von ihm so empfundenen) Unhöflichkeit desjenigen stößt, der seine leere Getränkedose einfach wegwirft, stößt sich der ältere Mensch wahrscheinlich an der (von ihm so empfundenen) Unhöflichkeit des Autisten, nicht ahnend, dass dieser die Situation, in der sich beide befinden, völlig anders wahrnimmt und gar nicht registriert, dass es an ihm wäre, seinen Sitzplatz zur Verfügung zu stellen.

An der Universität Cambridge haben Forscher herausgefunden, dass Autisten fast so scharf sehen wie ein Habicht. Die 15 untersuchten Probanden konnten im Mittel bereits aus 20 Metern Details erkennen, die ein Normalsichtiger erst aus 7 Metern unterscheiden kann. Die Greifvögel können schon aus 20 Metern sehen, was nichtautistische Personen erst aus 6 Metern Entfernung wahrnehmen.[8]

Autisten zeichnen sich durch eine außergewöhnliche Wahrnehmungsschärfe aus. Diese bewirkt jedoch auch eine ebenso außergewöhnliche Einengung des "Wahrnehmungskanals". Es bedürfte einer übermenschlich hohen Wahrnehmungskapazität, damit es nicht zu dieser Einengung kommt, doch Autisten sind keine Übermenschen.

Es ist für einen Nichtautisten ein Ding der Unmöglichkeit, sich in die Wahrnehmungswelt eines Menschen hineinzuversetzen, der dreimal so scharf sieht wie er selbst. Genauso unmöglich ist es für einen Autisten, sich in Wahrnehmungswelt eines Menschen hineinzuversetzen, dessen "Wahrnehmungskanal" viel weiter geöffnet ist als sein eigener.

---

8 https://www.t-online.de/nachrichten/wissen/id_16861052/universitaet-cambridge-autisten-sehen-so-scharf-wie-greifvoegel.html

Vielleicht ist es ja ein bisschen unfair, Autisten zu unterstellen, sie können sich nicht in andere Menschen hineinversetzen. Vielleicht können sich Autisten in andere Autisten hineinversetzen. Nichtautisten ihrerseits können sich eben nur in Nichtautisten hineinversetzen. Da nur eine kleine Minderheit der Menschen autistisch ist, entsteht für die Mehrheit der Eindruck, dass fehlendes Einfühlungsvermögen eine Charaktereigenschaft darstellt, die Autisten von den meisten Nichtautisten unterscheidet.

Im täglichen Zusammenleben von Autisten und Nichtautisten sind Konflikte vorprogrammiert. Die Verschiedenartigkeit der Wahrnehmung und die Neigung, von sich auf andere zu schließen, muss zwangsläufig Missverständnisse heraufbeschwören und die Betroffenen beider Lager zu den vergeblichen Versuchen verleiten, Vertreter des jeweils anderen nach eigenem Gusto umzupolen. Besagte Konflikte beginnen häufig mit Irritationen und Unverständnis, steigern sich in Streitigkeiten und Beleidigungen und können durchaus in gewaltsamen Übergriffen eskalieren. Man mag sich gar nicht ausmalen, wie viele Schädel – die von Autisten wie auch die von Nichtautisten - schon eingeschlagen wurden, weil die Differenzen im Laufe der Zeit in Gewaltexzesse mit tragischem Ausgang ausarteten.

Warum Schreien nichts bringt.

Wer gerne Sportsendungen verfolgt oder selbst in einem Verein aktiv ist, kennt das: Der Trainer ist unzufrieden mit den Leistungen seiner Spieler und wird in der Pause mal ein bisschen lauter. Was will er damit bezwecken? Ganz einfach: Er hofft, so es sich denn um konstruktive Kritik handelt, dass die Spieler sich im weiteren Verlauf des Spiels an seine Anweisungen erinnern, d. h. dass sie sie im Bereich der peripheren Wahrnehmung behalten und in entsprechenden Situationen abrufen können. Das kann gut funktionieren, falls denn die

Spieler fähig sind, möglichst viel von dem, was ihnen der Trainer mit der gebotenen Eindringlichkeit vorgibt, auch im Bereich der peripheren Wahrnehmung (im Hinterkopf) behalten können, doch nicht jeder kann dies gleichermaßen gut.

Im Umgang mit Autisten neigen Nichtautisten dazu, es dem Trainer, der seine Rumpelfüßler zusammenfaltet, gleichzutun. Nur wird in diesem Fall der gewünschte Erfolg bestenfalls marginal sein.

Aussagen wie "wie oft habe ich dir schon gesagt, dass...." werden dem Adressaten meist in einem etwas lauteren Tonfall an den Kopf geworfen. Ist der Adressat ein Nichtautist, könnte die Aussicht darauf bestehen, etwas damit zu bewirken. Vielleicht behält er aufgrund des etwas lauteren Tonfalls das Gesagte ja diesmal im Hinterkopf und berücksichtigt es fortan. Bei einem Autisten ist die Wahrscheinlichkeit dafür eher gering. Bei ihm macht es wenig Sinn, die Stimme zu heben und ihn mit hoher Dezibelzahl zuzutexten. Nicht etwa, weil er schwerhörig, begriffsstutzig oder mit den Gedanken woanders wäre (wobei vor allem Letzteres natürlich auch gut möglich ist) und man ihn mit Brüllerei wieder ins Hier und Jetzt zurückholen müsste. Es ist nicht nur die Art und Weise, wie etwas in der Gegenwart gesagt wird, es ist vor allem die Wahrnehmung des Betreffenden zum dem Zeitpunkt in der Zukunft, an dem er sich an das Gesagte erinnern soll, die darüber entscheidet, ob ihm das möglich ist oder nicht. Autisten sind mit der Verarbeitung von Sinnesreizen oft derart ausgelastet ist, dass es ihnen schlicht nicht möglich ist, sich auch noch an irgendwelche gutgemeinten Ratschläge, so eindringlich sie ihnen auch vermittelt worden sind, zu erinnern.

Es ist auch keineswegs so, dass Autisten ein schlechtes Gedächtnis hätten, ganz im Gegenteil. Ihnen wird sogar stark gesteigerte Merkfähigkeit bescheinigt. Doch ist das Gedächtnis eine Sache und der Zugriff darauf eine ganz andere. Autisten können auf Gedächtnisinhalte nur zugreifen, wenn sie ihre ganze Aufmerksamkeit darauf lenken oder wenn diese von anderen darauf gelenkt wird. Bei Nichtautisten können immer mal wieder Erinnerungsfetzen im Bereich der peripheren Wahrnehmung erscheinen. Außerdem ist das Gedächtnis von Autisten tiefer, aber auch enger als das von Nichtautisten. Wird eine autistische Person auf ein Ereignis in der Vergangenheit angesprochen, zum Beispiel eine Zugfahrt, wird sie sich möglicherweise an die exakten Zeitpunkte und Orte erinnern können, zu denen der Zug Halt gemacht hat. Ein Nichtautist dagegen könnte sich an etwas ganz anderes erinnern, etwa einen Fahrgast, der ihm ein sympathisches Lächeln geschenkt hat.

"Wie oft habe ich dir schon gesagt, dass du aufstehen sollst, damit ein älterer Mensch nicht im Zug stehen muss?!" So eine Aufforderung kann ein Nichtautist zu einem späteren Zeitpunkt eben deshalb eher berücksichtigen, weil sein Gehirn vor und während der Zugfahrt mehr Sinneseindrücke filtert als das Gehirn eines Autisten. Der Nichtautist registriert weniger Details in seiner Umgebung, seine Wahrnehmungskapazität ist dadurch auch weniger ausgelastet als die eines Autisten in einer vergleichbaren Situation und genau dies ermöglicht es ihm, sich daran zu erinnern, was die Gesellschaft von ihnen erwartet.

Erschwerend kommt für Autisten hinzu, dass sie keinen Blickkontakt zu anderen Menschen suchen, ihnen nicht zuerst in die Augen und ins Gesicht schauen. Vielen von ihnen werden allein schon deshalb gar nicht registrieren ob eine Person, die soeben zugestiegen ist, älter oder jünger, gebrechlich oder fit, genervt oder gelassen, fordernd oder gleichgültig ist. Gerade dieses Manko ist es, dass Autisten in den Augen von Nichtautisten als sozial wenig kompetent erscheinen lässt.[9]

Autisten brauchen klare Regeln, an die es sich zu halten gilt, doch sie

---

9 Natürlich ist nicht jeder, der es unterlässt, älteren Menschen seinen Sitzplatz zu überlassen, ein Autist, schon gar nicht in Zeiten, in der das Smartphone die Aufmerksamkeit der meisten von uns so stark beansprucht, dass sie, fast schon wie Autisten, in ihrer digitalen Welt gefangen sind.

können unmöglich alle Regeln, vor allem nicht die ungeschriebenen, gleichzeitig im Hinterkopf behalten. Vielleicht schafft es ein Autist, dem man mit Nachdruck eingeimpft hat, dass es en vogue ist, älteren Menschen seinen Sitzplatz anzubieten, tatsächlich diese Regel im Bereich seiner Aufmerksamkeit ständig mit sich herumzuschleppen, doch wird dies dann wiederum zulasten von etwas anderem gehen, dessen er nicht gewahr wird. So könnte er beispielsweise so darauf fixiert sein, mitzubekommen, wenn ein älterer Mensch zusteigt, dass er ihm seinen Sitzplatz auch dann zur Verfügung stellt, wenn es noch jede Menge freie Plätze im Abteil gibt, was er aufgrund seiner begrenzten peripheren Wahrnehmung jedoch nicht registriert hat.

Versucht man nach Kräften, sich halbwegs in die Lage von Autisten zu versetzen, wird schnell klar, warum es kaum Sinn macht, sie anzuschreien. Doch wie stellt sich die Situation im umgekehrten Fall dar? Auch Autisten schreien Nichtautisten an. Dies geschieht wahrscheinlich noch sehr viel häufiger als umgekehrt. Hierbei handelt es sich aber um Wutanfälle, die bei Autisten häufiger vorkommen, da ihr neuronales Stressniveau höher ist und es eben nicht mehr allzu viel braucht, damit sie austicken. Auch diese Form von Verbalentgleisung kennt man aus dem Sport, etwa wenn ein cholerischer Trainer zum hundertsten mal mit ansehen muss, wie seine Verteidiger beim Versuch, Spieler der gegnerischen Mannschaft abseits zu stellen, den richtigen Zeitpunkt verpassen, zu dem sie gemeinsam ein paar Schritte nach vorne zu gehen hätten. Irgendwann wird nicht mehr konstruktiv kritisiert, mit dem Ziel, etwas in die periphere Wahrnehmung des Kritisierten zu bekommen, sondern aufgestauter Frust durch Brüllen abgebaut.

So wie der cholerische Trainer Gefahr läuft, seine Spieler gegen sich aufzubringen, laufen auch Autisten Gefahr, durch ihre Wutausbrüche das Unverständnis und die Ablehnung ihrer nichtautistischen Zeitgenossen heraufzubeschwören. So könnte etwa ein Nichtautist, der mit einem Autisten zusammen in einem Büro arbeitet, zur Zielscheibe der Kritik werden, nur weil er das Fenster für ein paar Minuten öffnet, um etwas Frischluft hereinzulassen. Sollte nämlich nicht nur frische Luft, sondern auch noch Verkehrslärm durch das geöffnete Fenster nach innen dringen, könnte dies vom Autisten sehr schnell als sehr störend empfunden werden, da seine Filter mehr durchlassen. Wenn nun jeder der beiden glaubt, der andere würde die Welt so wahrnehmen, wie er selbst es tut, kann dies nur zu Missverständnissen und Streit führen. Hat er seinen Unmut unmissverständlich zum Ausdruck gebracht, besteht für den Autisten zumindest die Hoffnung, dass der Nichtautist dies in seiner peripheren Wahrnehmung behält und künftig darauf achtet, Arbeitspausen zum Lüften zu nutzen. Freunde werden die beiden aber wahrscheinlich nicht. Teilen sich nur die zwei ein Büro, dann besteht wenigstens die Chance, dass sich der Nichtautist ein bisschen an die Bedürfnisse des Autisten anpasst, da er mehr alternative Handlungsoptionen ins Auge fassen kann (z. B. in der Pause zu lüften oder ein paar Minuten früher zu kommen, um mal schnell die Fenster aufzureißen). Kritisch wird es, wenn sich mehrere Personen ein Büro teilen müssen.

Besonders das stete Beharren auf die Beibehaltung von Handlungsabläufen, selbst wenn die Veränderung der Gesamtumstände eine Anpassung erfordern würde, wird den Autisten in den Augen seiner nichtautistischer Kollegen schnell als selbstbezogen, egoistisch oder halsstarrig erscheinen lassen. Doch meist hat der Autist die Veränderung des Gesamtumstände gar nicht bemerkt, weil seine Aufmerksamkeit auf andere Dinge gelenkt war. Er wird sich anbahnende Veränderungen infolge der Begrenztheit seiner peripheren Wahrnehmung kaum mitbekommen, es sei denn, jemand spricht ihn darauf an.

Die fehlende Flexibilität von Autisten macht es ihnen außerordentlich schwer, sich an die Bedürfnisse von Menschen in ihrer Umgebung anzupassen. Für Nichtautisten besteht diese Beschränkung nicht in diesem Ausmaß, deshalb werden eher sie es sein, die sich an die Bedürfnisse von Autisten anpassen. Doch selbst die Anpassungsfähigkeit der gutmeinensten und flexibelsten Menschen hat Grenzen. Auch sie haben Bedürfnisse und die wenigsten von ihnen werden gewillt sein, diese auf Dauer bis an den Rand der Selbstverleugnung zurückzustellen. "Jetzt habe ich mich schon zehnmal nach ihm (dem Autisten) gerichtet, da wird es wohl nicht zu viel verlangt sein, wenn er sich jetzt mal ein bisschen anpasst!" So oder so ähnlich dürften die Aussagen von vielen Nichtautisten ausfallen, die sich um des lieben Friedens willen den Bedürfnissen eines Autisten unter Hintanstellung ihrer eigenen Rechnung getragen haben. Sie verkennen dabei jedoch, dass diese zehnmal zwar noch im Bereich ihrer peripheren Wahrnehmung vorhanden sind, nicht jedoch in der des Autisten. Für ihn sind all diese Dinge abgeschlossen, er hat seinen Fokus längst auf etwas anderes gerichtet. Hat ein Nichtautist einmal zurückgestanden, um mögliche Konflikte mit einem Autisten aus dem Weg zu gehen, darf er nicht darauf hoffen, dass der Autist dieses Verhalten genauso interpretiert. Stattdessen wird der Autist von der Annahme ausgehen, dass sich das Verhalten des Nichtautisten von nun an in derselben Weise zu wiederholen hat, ganz so wie es sein eigenes Verhalten auch tut. Er schließt von sich auf andere. Dies wiederum wird von Nichtautisten ihrerseits als Rücksichtslosigkeit interpretiert, und dies umso mehr, wenn sie sehen, wie wenig der Autist seinerseits auf die Bedürfnisse seiner Umgebung eingeht.

Gerade der Mangel an Flexibilität aber ist es auch, der Menschen mit Autismus jene Hartnäckigkeit verleiht, die die Voraussetzung dafür ist, in einem bestimmten Sachgebiet Herausragendes zu leisten. Zweifellos gibt es Berufe, in denen sie ihre Begabungen vorzüglichst zur Geltung bringen können. Ebenso unbestreitbar gibt es jedoch auch solche, in denen sie zum Scheitern verurteilt sind.

Beruf – Chancen und Fallstricke

Prinzipiell wird kaum ein Mensch in einem beruflichen Umfeld, das seinen Fähigkeiten und Neigungen nicht entspricht, zu besonderen Leistungen fähig sein. Dies gilt für Autisten umso mehr, da es ihnen an Flexibilität mangelt, sich den Gegebenheiten wenigstens "so halbwegs" anzupassen.

Autisten brauchen eine reizarme Umgebung, kein Tohuwabohu. Bereits das Ticken einer Uhr kann sie stören, Verkehrslärm sowieso und was gar nicht geht, ist ein Radio, das im Hintergrund läuft und für ein bisschen Unterhaltung sorgen soll. Autisten sind darauf angewiesen, sich zu 100 Prozent auf eine Sache konzentrieren zu können, sie können gar nicht anders. Alles was sie ablenkt, lenkt sie derart vollständig ab, dass sie ihren Aufgaben nicht mehr in adäquater Weise nachkommen können. Neben einer reizarmen Umgebung bedarf es eines geregelten Tagesablaufs, klar definierter Aufgabenstellungen und verbindlicher Regeln, an die es sich für alle, Autisten wie Nichtautisten, zu halten gilt.

Ein Kindergarten oder Altenheim, eine Polizeiinspektion oder die Aufnahmestation eines Krankenhauses sind als Arbeitsplatz für Autisten als alles andere als geeignet. Die Notwendigkeit, sich fortlaufend auf neue, unvorhersehbare Situationen einstellen zu müssen und dabei das Wesentliche nicht aus den Augen zu verlieren, fordert ihnen mehr ab, als sie zu leisten imstande sind. Daher nimmt es kaum Wunder, dass man an besagten Orten vergeblich nach ihnen suchen wird.

Autisten wollen eine Sache zu Ende bringen, um danach ihre ganze Aufmerksamkeit einer anderen schenken zu können. So man sie denn lässt, bleiben sie dran, bis der gewünschte Erfolg eingetreten ist. Die sie auszeichnende Fähigkeit, sich über einen langen Zeitraum zu konzentrieren, bewirkt in Verbindung mit ihrer Unfähigkeit, sachfremde Aspekte im Hinterkopf zu behalten und sich dadurch womöglich ablenken zu lassen, dass es viele von ihnen (diejenigen mit hoher Wahrnehmungskapazität) in ihrem Sachgebiet zu herausragenden Experten bringen. Gewiss findet man etliche von ihnen unter Mathematikern, Naturwissenschaftlern und Informatikern. Aber auch unter Malern, Schriftstellern und Musikern ist mit Sicherheit der ein oder andere dieser "Inselbegabten" vertreten.

Leute, die fähig sind, herausragende Leistungen in Spezialgebieten zu erbringen, können einer stark spezialisierten, arbeitsteiligen Gesellschaft wie der unseren von großem Nutzen sein. Und doch ist Vorsicht geboten: Wenn es darum geht Führungspositionen zu besetzen, würde es einer wahren Leistungsgesellschaft eigentlich gut zu Gesicht stehen, wenn auch die Besten Berücksichtigung fänden. Aber eine Top-Leistung in einem Spezialgebiet erbracht zu haben, ist noch lange kein Ausweis von Führungsqualität. Einen Autisten zum Vorgesetzten zu haben, bedeutet für seine Untergebenen, in einen Arbeitsalltag mit fest geregelten Tagesablauf mit präzise definiertem Aufgabenbereich in reizarmer Umgebung eingebunden zu sein und an Leistungen gemessen zu werden, die die autistische Führungskraft, von sich auf andere schließend, als normal ansieht. Das heißt nicht, dass das Ganze von vornherein zum Scheitern verurteilt sein muss, doch dafür braucht man Mitarbeiter, die sich in einem solchen Arbeitsumfeld wohl fühlen, was vor allem für Menschen zutreffend sein dürfte, die selbst Autisten sind. Bestimmt gibt es in vielen Softwareschmieden Beispiele dafür, dass so etwas klappen kann.

Doch wie sieht es aus, wenn Menschen mit autistischen Zügen eine Führungsrolle in einem beruflichen Umfeld, in dem es weniger deterministisch zugeht als in einer Software-Firma, einnehmen sollen? Da davon auszugehen ist, dass die Untergebenen der autistischen Führungskraft selbst keine Autisten sind, sind Konflikte vorprogrammiert. Und wenn den neurotypischen Untergebenen keine Möglichkeit eingeräumt wird, diese Konflikte in angemessener Weise anzusprechen, dann werden sie früher oder später auf einer anderen Ebene ausgelebt, ob das nun irgendwelche Intrigen sind oder die innerliche Kündigung der Betroffenen oder etwas noch viel Schlimmeres.

Begabung, Behinderung oder Krankheit?

Was ist Autismus? Eine Störung, wie die Bezeichnung Autismus-Spektrum-Störung nahelegt? Sind Autisten krank, behindert oder einfach nur anders? Oder könnte es sich nicht auch um eine besondere Begabung handeln? Schließt das Vorhandensein einer Behinderung überhaupt das einer Begabung aus oder könnte es nicht vielleicht sogar deren Voraussetzung sein?

Dem Versuch, diese Fragen erschöpfend und allgemeingültig zu beantworten, steht all denen, die sich daran versuchen, ein fundamentales Hindernis im Wege: die Begrenztheit ihrer eigenen Wahrnehmung.

Es bedürfte schon eines Wesens mit einer Art gottgleicher Wahrnehmungsfähigkeit, dem kein noch so winziges Detail entgeht, eines Wesens, das alles, was ein Mensch theoretisch wahrnehmen kann, im Bereich seiner bewussten Wahrnehmung registrieren und verarbeiten kann, eines Wesens das nicht durch ein Wahrnehmungs-Nichts beschränkt ist. Zum Glück gibt es ein solches Wesen jedoch nicht. Jeder Mensch, der Erkenntnisse über die Beschränkungen der Wahrnehmung anderer Menschen zu gewinnen versucht, ist dazu verdammt, dafür einen Erkenntnisapparat zu benutzen, der ebenfalls Beschränkungen unterworfen ist.

Im nächsten Beispiel soll der Versuch unternommen werden, die beschriebene Problematik zu verdeutlichen.

Die folgenden beiden Graphiken symbolisieren die Wahrnehmung von zwei Menschen mit gleicher Wahrnehmungsfähigkeit (sechs schwarze Punkte).

Die Wahrnehmung eines Autisten:

Und die Wahrnehmung eines Nichtautisten:

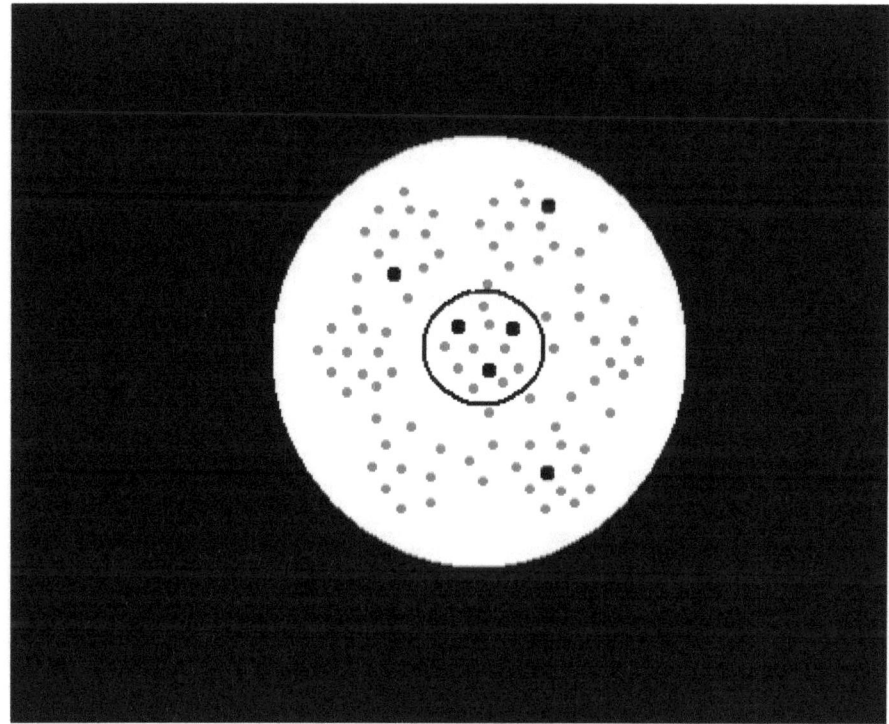

Der Bereich des Wahrnehmungs-Nichts ist beim Autisten wesentlich größer als der des Nichtautisten. Das Problem ist: keiner der beiden hat einen Sinn für das eigene Wahrnehmungs-Nichts. Und natürlich hat auch keiner der beiden eine Ahnung davon, wie groß das Wahrnehmungs-Nichts des anderen ist.
Gleiches gilt für den Bereich der unbewussten Wahrnehmung (graue Punkte). Er ist beim Nichtautisten viel größer als beim Autisten. Doch auch dies wird keinem der beiden auffallen, eben weil es sich um eine

Wahrnehmung handelt, der man sich nicht bewusst ist.

Folgende Graphik zeigt die bewusste Wahrnehmung des Autisten von Seite 92. Er ist sich seines Wahrnehmungs-Nichts ebensowenig gewahr wie seiner unbewussten Wahrnehmung, deshalb keine schwarze Fläche und auch keine grauen Punkte mehr. Überdies ist Unterscheidung zwischen dem Bereich der Aufmerksamkeit und dem der peripheren Wahrnehmung für ihn nicht als solche erkennbar. Er nimmt eben nur bewusst wahr (deshalb auch kein kleiner Kreis mehr). Und auch die Tatsache, dass der Bereich seiner Wahrnehmung viel kleiner ist als der eines Nichtautisten, ist ihm nicht bewusst (deshalb gleich große Kreise). Dies ist die Wahrnehmung des Autisten:

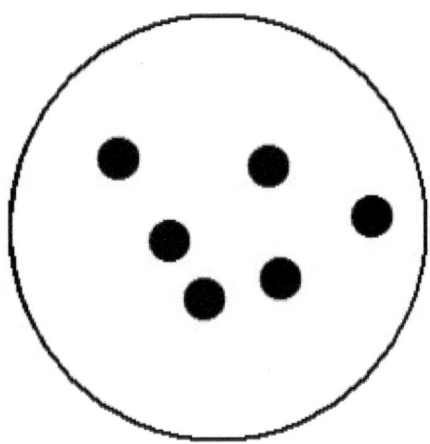

Vergleicht er nun seine Wahrnehmung mit der des Nichtautisten in dem für ihn wahrnehmbaren Bereich, so wird er feststellen, dass der Nichtautist nicht soviel mitkriegt wie er selbst.

Dies ist die Wahrnehmung des Nichtautisten in dem für den Autisten wahrnehmbaren Bereich (drei Punkte weniger).

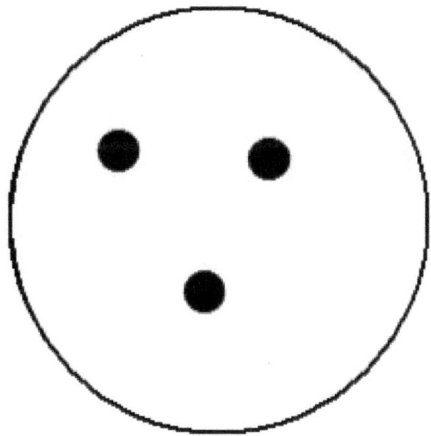

Diese Entdeckung könnte der Autist vielleicht dahingehend interpretieren, dass der Nichtautist unaufmerksam, wenig motiviert, ein bisschen doof, wenn nicht gar behindert ist.

Die folgende Graphik zeigt die bewusste Wahrnehmung des Nichtautisten.

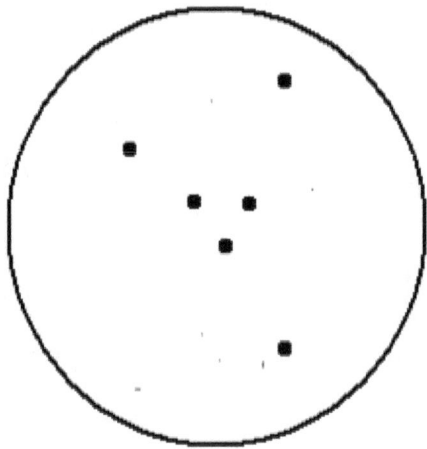

Vergleicht er diese mit der Wahrnehmung des Autisten, wird auch er festzustellen geneigt sein, dass der Autist weniger mitbekommt als er selbst. Dass der Autist jedoch im Bereich seiner Aufmerksamkeit mehr wahrnimmt als er, kann der Nichtautist nicht erkennen, da sein Gehirn mehr Sinneseindrücke filtert (drei statt sechs Punkte). Dafür ist seine Wahrnehmung weniger fokussiert als die des Autisten, was es ihm erlaubt, im Bereich der peripheren Wahrnehmung Dinge zu registrieren, die beim Autisten im Wahrnehmungs-Nichts liegen (drei Punkte statt null).

Dies ist die Wahrnehmung des Autisten in dem für den Nichtautisten wahrnehmbaren Bereich (drei Punkte weniger).

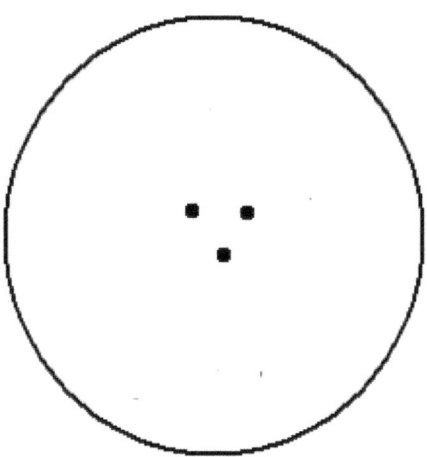

Zusammenfassend ließe sich die Frage, ob Autisten andersartig, behindert oder begabt sind, wie folgt beantworten: alles trifft zu.

Die Andersartigkeit der Wahrnehmung von Autisten steht ohnehin außer Frage. Ihre Gabe, Dinge bis ins kleinste Detail wahrzunehmen, muss infolge der Begrenztheit der menschlichen Wahrnehmung mit der Behinderung, wenig von dem, was sonst noch um sie herum vorgeht mitzubekommen, einhergehen. Vielleicht sollte man das Wort Behinderung durch Einschränkung ersetzen.
Welche Antwort aber erhielte man, wenn man die Frage, ob Nichtautisten andersartig, behindert oder begabt sind, in den Raum stellen würde? Genau die gleiche! Ihre im Vergleich zu Autisten reduzierte Wahrnehmungsschärfe (die diese als Behinderung bzw. Einschränkung definieren könnten) ist ebenfalls infolge der

Begrenztheit der menschlichen Wahrnehmung die Voraussetzung für ihre Gabe, vergleichsweise viel von dem, was in ihrer Umgebung passiert, zu registrieren.

Ist Autismus also so etwas wie Linkshändigkeit? Einfach eine Abweichung von der Mehrheit? Oder ist er doch eine Krankheit?

Jeder lebt in seiner eigenen Wahrnehmungswelt

Autisten haben Schwierigkeiten, Dinge oder Geschehnisse in einen übergeordneten Zusammenhang zu setzen und können diesen Zusammenhang daher auch nicht bei der Bewertung der Geschehnisse und Dinge berücksichtigen. Sie sehen und bewerten die Dinge für sich genommen und orientieren sich dabei stets am Optimum, um anschließend ihren Fokus ganz und gar etwas anderem zuwenden zu können. Beschäftigen sie sich mit einem Thema oder Sachgebiet, so hören sie meist erst auf, wenn sie alles darüber in Erfahrung gebracht haben. Diese Eigenschaft lässt viele von ihnen zu ausgewiesenen Experten in diversen Spezialgebieten, im Extremfall gar zu Inselbegabten, werden. Im Gegensatz dazu ist es für Nichtautisten mehr oder weniger selbstverständlich, den übergeordneten Rahmen im Hinterkopf zu behalten. Das ist wichtig, um den Punkt nicht zu verpassen, an dem die weitere Beschäftigung mit dem Thema oder Sachgebiet viel Aufwand bei wenig Nutzen bedeutet. Sich des Aufwand-Nutzen-Verhältnisses seines Tuns bewusst machen zu können, ist bei der Bewältigung des Alltags von unschätzbarem Wert. Man muss die Streifen eines Zebrastreifens nicht zählen, bevor man auf ihm die Straße überquert. Dies zu tun, würde viel Aufwand bei wenig Nutzen bedeuten. Es genügt völlig einen Zebrastreifen als solchen oberflächlich wahrzunehmen, um die Ressourcen seiner Wahrnehmung für Wichtigeres freizuhalten. Auch macht es wenig Sinn, die Zahl pi bis zur 7899. Nachkommastelle auswendig zu lernen. Der Aufwand wäre enorm, der Ertrag äußerst mickrig. Andererseits wäre es wenig hilfreich, die Zahl pi nur mit einem Wert zwischen 2 und 4 angeben zu können. Die meisten Nichtautisten werden, wenn sie nach pi gefragt werden, mit "3,14" antworten.

Die Wahrnehmung ist ein unglaublich komplexer Vorgang. So ist zum Beispiel die Verarbeitung optischer Sinneseindrücke weit mehr als nur Lichtwellen über die Augen aufzunehmen. Wir sind permanent einer unglaublichen Menge an visuellen Reizen ausgesetzt. Das Gehirn muss zuerst die über die Netzhaut ankommenden Reize aufnehmen und diese mit den Wahrnehmungen der übrigen Sinne zu einem Gesamtbild zusammenfassen. Dann bewertet das Gehirn, immer noch auf unbewusster Ebene, was ans Bewusstsein weitergegeben wird. Danach liegt es am Bewusstsein, die durchgekommenen, bereits in übergeordnete Zusammenhänge gesetzten, Sinneseindrücke abermals zu bewerten und in einen weiteren übergeordneten Zusammenhang zu bringen, um entscheiden zu können, was in einer bestimmten Situation warum zu tun oder zu unterlassen ist.

Stellen Sie sich vor, vor Person A, Person B und Person C baut sich ein großes Etwas auf. Die Gehirne der drei Personen arbeiten ein wenig unterschiedlich. Person A erkennt, dass dieses große Etwas zwei Augen, ein Fell, vier Beine und große Zähne hat.

Person B erkennt in dem Etwas einen Bären.
Person C erkennt, dass sich zwischen dem Bären und den drei Personen eine bruchsichere Panzerglasscheibe befindet und deshalb keinerlei Gefahr besteht.

Person C ist gegenüber den Personen B und A eindeutig im Vorteil, da ihr Gehirn den übergeordneten Zusammenhang am besten erfasst hat. Das Gehirn von Person B hat den Gesamtzusammenhang zwar schlechter als Person C, aber immer noch besser als Person A erfasst. Aber auch das Gehirn von Person A hat Sinneseindrücke in übergeordnete Zusammenhänge gesetzt, nur so konnte sie die Augen, das Fell, die Beine und die Zähne als solche erkennen. Leider würde das im Ernstfall bei weitem nicht ausreichen. Um angemessen auf eine Begegnung mit einem Bären reagieren zu können, muss man sofort erkennen, was da vor einem steht. Aber auch Person B lebt gefährlich, denn sie läuft Gefahr, vor Schreck einen Herzinfarkt zu bekommen, da sie einen wesentlichen Aspekt des Gesamtzusammenhangs nicht erkannt hat: die Panzerglasscheibe.

Das Gehirn verarbeitet ankommende Sinnesreize auf verschiedenen Ebenen, und auf allen dieser Ebenen kommt dem Zusammenspiel von Exzitatorik (weitergeben von wichtigen Informationen) und Inhibitorik (filtern von unwichtigen Informationen) maßgebliche Bedeutung zu. Das Zuschalten höherer Hirnareale ist nur möglich, wenn in den vorgeschalteten Arealen Unwichtiges herausgefiltert wird. Voraussetzung dafür ist wiederum, dass sich Exzitatorik und Inhibitorik in etwa im Gleichgewicht befinden. In dem Maß, in dem die Exzitatorik die Inhibitorik dominiert, verkleinert sich der Rahmen (Zusammenhang), in dem etwas eingeordnet werden kann, die Wahrnehmung innerhalb dieses Rahmens wird schärfer und das Wahrnehmungs-Nichts größer.

Für das Blockieren und Weiterleiten von Informationen sind Neurotransmitter verantwortlich. Erregende (exzitatorische) Neurotransmitter sorgen dafür, dass Impulse an andere Neuronen weitergegeben werden, hemmende (inhibitorische) verhindern dies. GABA gilt als wichtigster hemmender, Glutamat als wichtigster erregender Neurotransmitter. Dominiert gewissermaßen Glutamat seinen Gegenspieler GABA, gerät die Hirnchemie aus dem Gleichgewicht.

Die mangelnde Einordnung von Sinneseindrücken in einen übergeordneten Zusammenhang, die für Autisten typisch ist, äußert sich zum einen in der im Vergleich zu Nichtautisten unzureichend entwickelten Fähigkeit, sich in andere Menschen hineinzuversetzen und zum anderen in der Neigung, Fragmente und Details für sich genommen zu betrachten und zu analysieren und dabei das Gesamtbild unberücksichtigt zu lassen. In der Psychologie finden hierfür die Begriffe "Zentrale Kohärenz" und "Theory of Mind" Verwendung. Bei autea.de und Wikipedia finden sich folgende Definitionen:

"[...]Theory of Mind - Soziale Kognition

Wir verfügen über die Fähigkeit, Ideen, Absichten, Gedanken oder Gefühle von unseren Mitmenschen wahrzunehmen. Wir können uns in ihre Lage versetzen, um zu verstehen oder zu erahnen, was und warum sie etwas tun oder tun werden. Diese Mentalisierungsfähigkeit, die „Theory of Mind" (ToM) lässt uns das Verhalten anderer voraussehen. Bei nicht autistischen Menschen ist dieser Prozess hochautomatisiert, mühelos und größtenteils unbewusst.[...]" [10]

"[...]Als zentrale Kohärenz versteht die moderne Psychologie die Fähigkeit, einzelne Wahrnehmungselemente in einen Gesamtzusammenhang einzubeziehen und als ein realitätsgetreues Einheitsbild zusammenzufassen. Reize und Informationen werden korrekt miteinander in Zusammenhang gebracht und als Gesamtbild erfasst und gespeichert. Neurotypische Menschen sind in der Lage, darauf entsprechend logisch und konsequent zu reagieren.[...]" [11]

Bei beiden Neurotypen bedingt eine Schwäche (immer im Vergleich mit dem jeweils anderen) eine Stärke und umgekehrt. Die Fähigkeit, Dinge im Zusammenhang zu sehen, verbindet sich bei Nichtautisten mit der Schwäche Details wahrzunehmen und im Gedächtnis zu behalten. Darin sind Autisten wesentlich besser, dies geht bei ihnen aber zulasten von Flexibilität und Weitsicht.

---

10 http://www.autea.de/autismus/denken-und-lernen/ (Abgerufen: 29. Juni 2019)
11 https://de.wikipedia.org/wiki/Zentrale_Kohärenz (Abgerufen: 29. Juni 2019, 12:21 UTC)

Bei asperger.blogspot werden die Stärken bei Schwacher zentraler Kohärenz wie folgt umrissen:

Genauigkeit, Perfektionismus, gute Beobachtungsgabe, Blick für Veränderungen, gutes Gedächtnis für Einzelheiten, Ausdauer bei monotonen Aufgaben.[12]

Was für einen Nichtautisten ein Wald ist, scheint für viele Autisten eine Ansammlung von Bäumen darzustellen, falls sie denn überhaupt die einzelnen Bäume als Einheit ansehen und nicht als eine Ansammlung von Ästen, Zweigen und Blättern, einem Stamm und einer Wurzel.

Um eine Ansammlung von Bäumen als Wald wahrnehmen zu können, bedarf es eines entsprechend großen Wahrnehmungs-Rahmens. Es braucht einen Moment des Innehaltens (Inhibitorik). Jemand, der sofort nachdem er einen Baum wahrgenommen hat, damit beginnt, dessen Einzelheiten genauestens unter die Lupe zu nehmen (Exzitatorik), sieht sprichwörtlich den Wald vor lauter Bäumen nicht. Gleiches gilt, wenn man sich in andere Menschen hineinversetzen möchte. Das ist nur möglich, indem man sich ein einigermaßen zutreffendes Gesamtbild über die Umstände macht, unter denen dieser Mensch so oder so fühlt oder handelt. Und dies wiederum ist umso komplizierter und zeitaufwendiger, je mehr Aspekte in das Gefühlsleben eines Menschen einfließen, je vielschichtiger sich die Situation darstellt, in der er sich befindet. Die meisten Menschen dürften sich ganz gut in einen Fußballspieler hineinversetzen können, der gerade umgeknickt ist und dessen Bänder mit einem deutlich hörbaren Knall gerissen sind. Dagegen ist es für Außenstehende ungleich komplizierter, sich ein realistisches Bild über das Innenleben eines Unternehmers zu machen, der kurz vor dem Eintritt ins Rentenalter vor der Wahl steht, ob er noch weiterarbeiten möchte - und wenn ja in welchem Umfang. Gibt es einen Nachfolger für das Unternehmen und ist dieser auch geeignet?

---

12 http://asperger.blogspot.com/2012/12/5-denken-51-schwache-zentrale-koharenz.html

Vielleicht braucht er noch ein, zwei Jahre, um in seine neue Rolle hineinzuwachsen. Wie ist es um meine Gesundheit bestellt? Was habe ich noch vor im Leben? Worauf muss ich verzichten, wenn ich weiterarbeite? Wie viel Spaß habe ich bei meiner Arbeit? Arbeite ich nur für Geld oder für ein übergeordnetes Ziel? Was erwartet meine Frau von mir? Was wollen meine Kinder? All dies und wahrscheinlich noch viel mehr wird der Unternehmer in seine Überlegungen einfließen lassen. Damit dies von einem Außenstehenden auch nur annähernd nachvollzogen kann, braucht dieser einen großen Wahrnehmungs-Rahmen. Und zwar einen umso größeren, je mehr sich seine eigene Lebenssituation von der des Unternehmers unterscheidet. Jemand, der jedoch damit beschäftigt ist, die Falten auf der Stirn des Unternehmers zu zählen, während dieser ihm gerade seine Situation schildert, wird vermutlich kaum zu einem tieferen Verständnis für dessen Gefühlswelt gelangen können.

Auf der Suche nach des Rätsels Lösung

Bis das Rätsel Autismus ganz gelöst ist, dürfte wohl noch einige Zeit ins Land gehen; und dass es sich um ein Rätsel handeln muss, erkennt man, wenn man versucht, in Erfahrung zu bringen, wie häufig Autismus in der Bevölkerung vorkommt. Die Zahlen variierten nämlich von Quelle zu Quelle beträchtlich.

Auf den Internet-Seiten von spektrum.de[13] wird die geschätzte Häufigkeit von Menschen mit Autismus mit 1:1000 bis 1:10000 angegeben.

Bei autismus.de[14] wird die Häufigkeit mit 6 bis 7 pro 1000 beziffert - bezogen auf Untersuchungen in Europa, Kanada und USA.

Auf den Seiten von psychotherapie-rupp[15] wird die Zahl autistischer Kinder unter Hinweis auf Schätzungen aus dem Jahr 2001 (Chakrabarti & Fombonne) mit 63 von 10000 angegeben.

Von etwa einer Verzehnfachung der Vorkommenshäufigkeit im Vergleich zu früheren Annahmen (10 bzw. 13 von 10000 Personen laut Studien von 1988, 116 Personen von 10000 Personen laut einer Studie von 2006) ist auch bei autismus-kultur.de[16] die Rede.

Ähnliche Angaben liefern auch die Seiten von neuologen-und-psychiater-im-netz.de[17] (früher 4 bis 5 von 10000, heute etwa 1

---

13 https://www.spektrum.de/lexikon/neurowissenschaft/autismus/1132
14 https://www.autismus.de/was-ist-autismus.html
15 https://psychotherapie-rupp.com/2013/05/10/autismus-das-asperger-syndrom-teil-2-uber-die-ratselhafte-zunahme-der-haufigkeit-und-autismus-im-erwachsenenalter/
16 https://autismus-kultur.de/autismus/autipedia/praevalenz-haeufigkeit.html
17 https://www.neurologen-und-psychiater-im-netz.org/kinder-jugend-

Prozent, also 100 von 10000).

Doch damit nicht genug! Wikipedia setzt sogar noch eins drauf:

> *„[...]Eine Analyse von 11.091 Interviews von 2014 durch das National Center for Health Statistics der USA ergab eine Häufigkeit (Lebenszeitprävalenz) des ASS von 2,24 % in der Altersgruppe 3-17 Jahre, 3,29 % bei Jungen und 1,15 % bei Mädchen.[...]"* [18]

Von 1 von 10000 bis 2,24 von 100 ist alles dabei. Wäre der zweite Wert zutreffend, fänden sich unter 10000 Menschen immerhin 224 Autisten, mindestens 223 davon würden bei Zugrundelegung des ersten Wertes jedoch als nichtautistisch eingestuft. In Anbetracht dieser enormen Streuung, nimmt es kaum Wunder, dass die Erforschung der Ursachen des Phänomens Autismus noch nicht sonderlich weit fortgeschritten ist. Wie soll man etwas ergründen, von dem so unklar ist, wie weit es nun tatsächlich verbreitet ist?

In einem aber sind sich alle Quellen, die ich bisher zu diesem Thema angezapft habe, einig. Autismus kommt bei Jungen/Männern häufiger vor als bei Mädchen/Frauen. Dazu nochmal Wikipedia:

> *„[...]Eine Übersicht von 2015 zeigte, dass die Zahlen zur Geschlechterverteilung wegen methodischer Schwierig-keiten stark variierten. Das Verhältnis männlich-weiblich betrage jedoch mindestens 2:1 bis 3:1, was auf einen biologischen Faktor in dieser Frage hindeute. [...]"* [19]

---

psychiatrie/erkrankungen/autismus-spektrum-stoerung-ass/was-sind-autismus-spektrum-stoerungen/
18 https://de.wikipedia.org/wiki/Autismus (Abgerufen: 29. Juni 2019, 12:27 UTC)
19 https://de.wikipedia.org/wiki/Autismus (Abgerufen: 29. Juni 2019, 12:27 UTC)

Dem Thema Geschlechterverteilung und Autismus widmet sich auch ein Eintrag bei autismus-verstehen.de. Darin wird mit Verweis auf neuere Schätzungen das Verhältnis männlicher/weiblicher Autisten wie folgt angegeben:

„[...]Verhältnis 6-8 Jungen : 1 Mädchen; „wahre"
Verteilung eher bei 4:1 oder gar 2,5:1?[...]"[20]

Fazit:

- Jungen/Männer sind allem Anschein nach häufiger von Autismus betroffen als Mädchen/Frauen wobei der Unterschied kleiner zu werden scheint
- Autismus wird heute generell häufiger diagnostiziert als früher

Sind dies nun aber unumstürzliche Beweise oder nur Momentaufnahmen, die nur den gegenwärtigen Stand der Forschung wiedergeben und somit Interpretationsspielräume offenlassen? Möglich wäre zum Beispiel, dass sich Autismus bei Vertretern des weiblichen Geschlechts nur anders – weniger offensichtlich – äußert. Möglich auch, dass der Anstieg der Diagnosen nicht unbedingt 1:1 mit einem möglichen Anstieg dieser sogenannten Störung einhergeht. Und vor allem: was ist die Ursache? Wann und wie entsteht Autismus überhaupt – Prozess oder eher Ereignis, vor- oder nachgeburtlich oder sowohl als auch? Steile Thesen gibt es zuhauf: Impfungen im Kleinkindesalter (Masern-Röteln-Mumps) wurden und werden ebenso diskutiert wie die mangelnde Zuwendung, die bei Kindern von Kühlschrankeltern zur Herausbildung der typischen Verhaltensweisen führen. Könnten sogar

---

20 https://autismus-
   verstehen.de/userfiles/files/Vortrag_Preissmann_Muensingen_Juli_2015_2.pdf

Geschehnisse, die sich weit vor der Geburt eines Menschen ereigneten, als Ursache dafür infrage kommen, dass eben dieser Mensch Autist ist? Tritt Autismus doch häufiger auf als früher und ist die erhöhte radioaktive Belastung infolge der Atombombentests die Ursache davon? Tatsächlich gibt es Überlegungen, die in diese Richtung gehen.[21]

Warum wird Autismus unter Vertretern des männlichen Geschlechts öfter diagnostiziert und warum scheint heute der Anteil weiblicher Autisten höher zu liegen als noch vor einigen Jahren? Dazu hätte ich auch eine steile These anzubieten: Eine mögliche Antwort könnte sein, dass Autismus überhaupt nicht oder kaum häufiger auftritt als früher, sondern dass sich die Kriterien verschoben haben, oder anders ausgedrückt, dass der Abstand vom Durchschnitt, ab dem jemand als Autist eingestuft wird, kleiner geworden ist. Vielleicht sind Jungs von Haus aus einen Tick autistischer als Mädchen, etwa wie in folgender Graphik dargestellt.

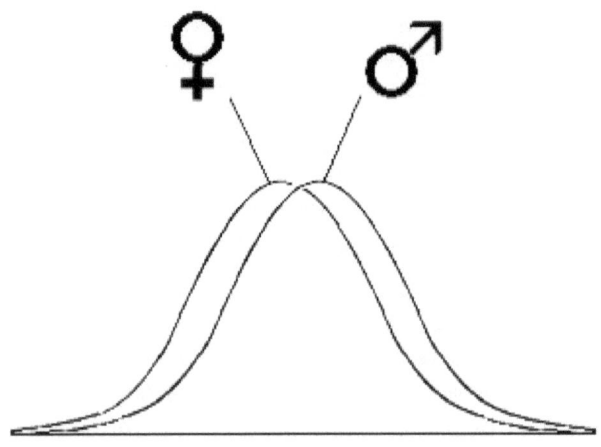

---

21 vgl.: https://www.nexus-magazin.de/artikel/lesen/die-epigenetik-des-autismus-ursachenforschung-zu-einer-grassierenden-entwicklungsstoerung

Nun stellt sich die Frage, wo man die Grenze zieht, ab der ein Mensch als Autist eingestuft wird. Je strenger die Kriterien, desto größer ist der Unterschied zwischen den Geschlechtern. In der nächsten Graphik symbolisiert die gestrichelte Linie die Grenze, ab der Autismus diagnostiziert wird, alle rechts davon liegenden Personen wären davon betroffen.

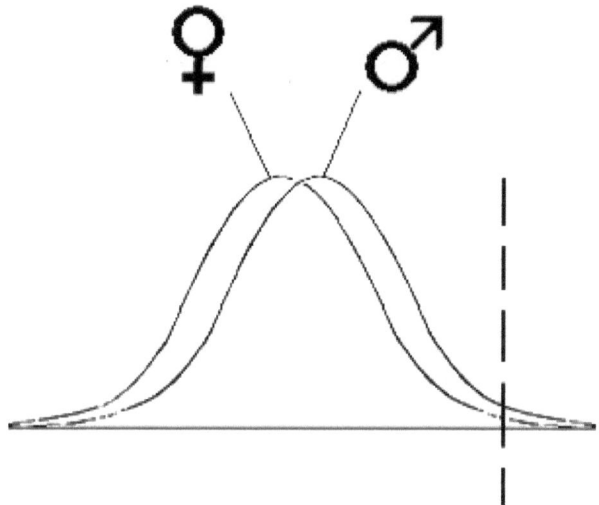

Das könnte etwa einem Verhältnis von 4:1 entsprechen.
Sollten nun, aus welchen Gründen auch immer, veränderte Kriterien eingeführt werden, verschiebt sich automatisch auch das Verhältnis (m/w):

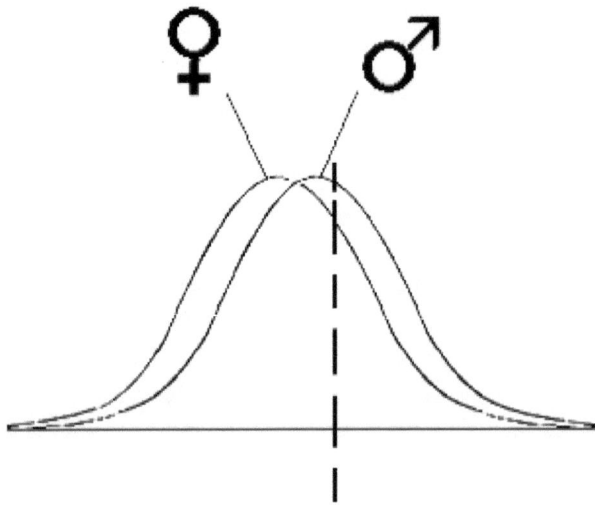

Nun wären fast die Hälfte der Männer, aber auch eine stattliche Zahl an Frauen von Autismus betroffen, das Verhältnis dürfte irgendwo bei 2:1 liegen.

Würde man spaßeshalber die Kriterien so definieren, dass die meisten Menschen von Autismus betroffen wären, ergäbe sich etwa folgende Darstellung:

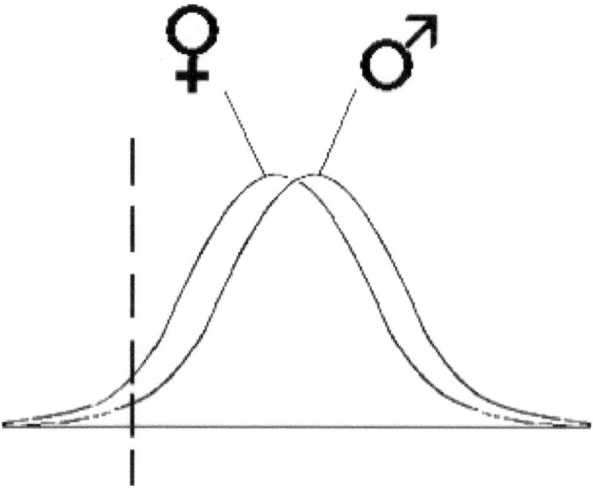

Plötzlich wären die meisten Frauen und fast alle Männer Autisten, was einem Verhältnis von 1:1 schon recht nahe kommt.

Sie glauben, solch krasse Diagnosekriterien könnten niemals eingeführt werden? Okay, ganz so extreme vielleicht nicht, aber unterschätzen Sie die wirtschaftlichen Interessen, die hinter Diagnosen im allgemeinen stecken können, nicht. Kennen Sie Ihren Cholesterinspiegel? Ist er vielleicht zu hoch? Dann teilen Sie dieses Schicksal mit der überwältigenden Mehrheit ihrer Zeitgenossen. Hier wurden die Kriterien so definiert, dass etwa 80 Prozent aller Deutschen im Alter zwischen 35 und 65 einen "zu hohen" Cholesterinspiegel aufweisen. Dem Absatz cholesterinsenkender Präparate dürfte dieser Umstand jedenfalls nicht schaden.[22]

Eine häufig hervorgebrachte These ist die, dass Autisten einfach nur extrem männliche Gehirne haben. Auf den Internetseiten von pharmazeutische-zeitung.de wird diesbezüglich auf die Studien von

22 Robert W. Der Planet der Verarschten Warum der Homo sapiens längst ausgestorben ist, Books on Demand 2015

Simon Baron-Cohen und seinem Team hingewiesen, deren Ergebnisse in diese Richtung zu deuten scheinen.[23]

Bei aponet.de[24] finden sich ebenfalls Hinweise auf Studien, die auf eine Vermännlichung der Gehirne von Autistinnen hinweisen. Bei männlichen Autisten konnte demzufolge aber keine Veränderung der Gehirnanatomie festgestellt werden. Als weiteres interessantes Ergebnis ist zu erwähnen, dass sich Autismus bei Frauen auf andere Gehirnregionen auswirkt als bei Männern. Demnach könne es nicht ausschließlich ein extrem männliches Gehirn sein, dass bei dessen Träger oder Trägerin mit autistischen Verhaltensweisen einhergeht.
Ungeachtet der angeführten Forschungsergebnisse und deren Interpretationen hat die These, dass Autisten einfach nur extrem männliche Gehirne haben, einen Haken: Es gibt einen Zusammenhang zwischen Autismus und Epilepsie. In ihrem Buch *Welcome to your brain*[25] schreiben die Autoren Sandra Aamodt und Samuel Wang, dass der Anteil von Autisten, die auch unter Epilepsie leiden, bei 30 Prozent liegt, während in der Gesamtbevölkerung nur ein Prozent an dieser Erkrankung leiden. Desweiteren beschreiben die Autoren Epilepsie als eine Erkrankung der Erregbarkeit des Gehirns, die auftritt, wenn das Gleichgewicht zwischen Erregung und Hemmung gestört ist.

Auch bezüglich der Häufung von Epilepsie unter Autisten variieren die Angaben von Quelle zu Quelle. Bei epikurier.de[26] wird sie mit bis zu 15 bis 20 Prozent, bei autismus-kultur.de[27] und Christian Schanze[28] mit 5

---

23 z. B. https://www.focus.de/gesundheit/news/hirnforschung_aid_101067.html
24 https://www.aponet.de/aktuelles/kurioses/20130815-autismus-macht-gehirn-von-frauen-maennlicher.html
25 Sandra Aamodt und Samuel Wang   Welcome to your brain
   Ein repektloser Führer durch die Welt unseres Gehirns, C.H. Beck, 2008
26 https://www.epikurier.de/archiv/ausgabe-22016/epilepsie-und-autismus/

27 https://autismus-kultur.de/autismus/autismus-weitere-diagnosen.html
28 Christian Schanze   Psychiatrische Diagnostik und Therapie bei Menschen mit Intelligenzminderung: Ein Arbeits- und Praxisbuch für Ärzte, Psychologen, Heilerziehungspfleger und -pädagogen, Schattauer, 2013

bis 40 Prozent beziffert.

Sollten Autisten einfach nur extrem männliche Gehirne haben, so müssten Männer eigentlich viel häufiger unter Epilepsie leiden als Frauen, was jedoch offenkundig nicht der Fall ist.

Zwillingsstudien - des Rätsels Lösung?

Einen vielversprechenden Ansatz, der uns der Lösung des Rätsels ein gutes Stück näher zu bringen verspricht, sind Studien an Zwillingen. Aamodt und Wang[29] berichten, dass Kinder, deren eineiiges Geschwister Autist ist, in über 50 Prozent der Fälle ebenfalls von Autismus betroffen sind. Ferner verweisen die Autoren darauf, dass selbst bei nichteineiigen Zwillingsgeschwistern von Autisten ein 25- bis 67- mal größeres Risiko für Autismus besteht und dass Verwandte von Autisten mit größerer Wahrscheinlichkeit einige autistische Züge aufweisen, wenngleich diese nicht für eine Diagnose ausreichen.

Dies ist in zweierlei Hinsicht bemerkenswert. Autismus tritt demnach bei Menschen, die ein autistisches Geschwister haben, häufiger auf als im Bevölkerungsdurchschnitt. Nicht minder interessant erscheint der Umstand, dass es trotz der offenkundigen familiären Häufung eineiige Zwillingsgeschwister von Autisten gibt, die selbst nicht von der Krankheit, Störung, Gabe, Andersartigkeit, oder was es auch immer sein mag, betroffen sind.

Auch Andere Quellen bestätigen im Wesentlichen diese Erkenntnisse: Bei dr-gumpert.de[30] wird die Wahrscheinlichkeit bei eineiigen

---

29 Sandra Aamodt und Samuel Wang   Welcome to your brain
   Ein repektloser Führer durch die Welt unseres Gehirns, C.H. Beck, 2008
30 https://www.dr-gumpert.de/html/autismus.html

Zwillingen mit 95 %, die bei zweieiigen mit 35% angegeben.

Unter praxisvita.de[31] steht, dass 90 Prozent der eineiigen Zwillingsgeschwister von Autisten ebenfalls von Autismus betroffen sind.

Zweifellos lassen die dargelegten Studienergebnisse einige der in Rede stehenden Vermutungen hinsichtlich des Entstehens von Autismus wesentlich wahrscheinlicher erscheinen als andere:

- Die Kühlschrankeltern-Theorie kann man wohl getrost in die Tonne treten, denn dann müssten viel mehr Geschwister autistischer Kinder, die nicht dessen eineiiger Zwilling sind, ebenfalls Autisten sein. Oder Kühlschrankeltern müssten mehr Jungen als Mädchen bekommen, oder Jungs müssten anders auf mangelnde Zuwendung reagieren und Mädchen müssten zudem auf schwerwiegende Versäumnisse in der Erziehung mit einer Vermännlichung ihres Gehirns reagieren.
- Ähnliches gilt für die Annahme, Autismus sei die Folge der Dreifachimpfung (Masern-Mumps-Röteln). Kann es sein, dass weltweit Eltern Jungs seltener gegen MMS impfen lassen als Mädchen?
- Autismus als Folge von Umweltgiften oder Radioaktivität? Dann müssten die Fallzahlen in Gegenden mit erhöhter Radioaktivität, etwa in der Region um Tschernobyl, extrem weit über denen in vergleichsweise unbelasteten Gebieten liegen. Und: Wie sollte Radioaktivität die Gehirne von Mädchen männlicher machen?

Egal ob die Impfungen oder Erziehung oder Vergiftungen oder Radioaktivität oder die Folgen einer Gehirnhautentzündung oder was sonst noch als mögliche Ursachen ins Feld geführt wird: All das kann das Auftreten von Autismus sicher nicht zu 100 Prozent erklären.

31 https://www.praxisvita.de/autismus-was-sind-die-ursachen-4545.html

Etwas voreilig wäre es gleichwohl, bei der Vielzahl an Giften und Medikamenten, mit denen man heutzutage unter Umständen in Berührung kommen kann, vollständig auszuschließen, dass Substanzen darunter sind, die das zentrale Nervensystem dahingehend beeinflussen könnten, dass die davon Betroffenen in den Augen Außenstehender autistische Züge entwickeln.

Beim Entstehen von Autismus sind allem Anschein nach in erster Linie Gene beteiligt. Aber auch Umweltfaktoren müssen eine Rolle spielen, sonst müssten ausnahmslos alle eineiige Geschwister von Autisten ebenfalls Autisten sein.[32] Somit drängen sich einem unweigerlich die Fragen auf:

- Wie groß ist der Anteil der Gene, wie groß der der Umwelt?
- Welche Gene sind beteiligt, welche Umwelteinflüsse?

Bei diphealth.com wird auf Untersuchungen verwiesen, nach denen Autismus zu 90 Prozent auf genetische Ursachen und nur zu 10 Prozent auf Umweltfaktoren zurückzuführen ist.[33]

Womöglich greift aber die Frage, wie viel Prozent Gene und wie viel Umweltfaktoren für den Ausbruch oder das Auftreten einer bestimmten Erkrankung ursächlich sind, zu kurz. Die vergleichsweise junge Forschungsdisziplin der Epigenetik lehrt uns nämlich, dass Umwelteinflüsse (Stress, Ernährung, Misshandlung etc.) bestimmte Gene an- bzw. abschalten können. Könnten solche epigenetische Faktoren tatsächlich eine Rolle bei der Entstehung von Autismus spielen, wie bei neurologen-und-psychiater-im-netz.de[34] vermutet wird. Spanische Forscher, die eineiige Zwillingspaare im Alter von drei bis 74 Jahren untersuchten, fanden heraus, dass sich die jüngsten Paare in

---

32 Beim Down-Syndrom etwa sind immer beide eineiige Geschwister betroffen.
33 https://diphealth.com/842-genetics-and-autism-4153365-61
34 https://www.neurologen-und-psychiater-im-netz.org/kinder-jugend-psychiatrie/erkrankungen/autismus-spektrum-stoerung-ass/ursachen/

ihrem epigenetischen Code kaum und die ältesten am deutlichsten unterschieden. Die Verschiedenartigkeit der Lebensumstände und Gewohnheiten werden dafür verantwortlich gemacht, das sich der epigenetische Code der älteren in verschiedene Richtungen entwickelte.[35]

Ein Blick auf Quellen, die sich mit der Verschiedenartigkeit der Gehirnanatomie befassen, könnte weitere Hinweise auf die Ursachen von Autismus liefern.
Die Erforschung der mit Autismus einhergehenden gehirnanatomischen bzw. funktionalen Besonderheiten war und ist Gegenstand zahlreicher Studien mit zum Teil widersprüchlichen Ergebnissen. In Rede stehen insbesondere die Art der Vernetzung von Hirnarealen, morphologische Besonderheiten von Amygdala, Hippocampus und Corpus Callosum, die Größe sowohl des Gehirns als Ganzem als auch die des Kleinhirns, die Spiegelneuronen und Schäden der linken Gehirnhälfte.

Größe:

- Den Seiten von aerzteblatt.de ist zu entnehmen, dass etwa 20 Prozent aller Autismus-Patienten ein ungewöhnlich großes Gehirn haben.[36]
- Aamodt und Wang schreiben, dass Autisten häufig große Gehirne haben.[37]
- Auch bei pharmazeutische-zeitung.de[38] wird von überdurchschnittlicher Kopfgröße berichtet.

Diese Erkenntnisse sind für sich genommen noch nicht allzu aussagefähig. Die Zahlen von aerzteblatt.de sind noch die konkretesten,

---

35 https://www.planet-wissen.de/natur/forschung/epigenetik/
36 https://www.aerzteblatt.de/nachrichten/63524/Mini-Gehirne-aus-Hautzellen-erklaeren-Autismus
37 Sandra Aamodt und Samuel Wang   Welcome to your brain
    Ein repektloser Führer durch die Welt unseres Gehirns, C.H. Beck, 2008
38 https://www.pharmazeutische-zeitung.de/index.php?id=251

aber sie bedeuten auch, dass etwa 80 Prozent aller Autismus-Patienten kein ungewöhnlich großes Gehirn haben.

Der Zusammenhang Autismus/größerer Kopfumfang wird auch bei netdoktor.de erörtert. Darin heißt es:

> *"[...]Vermutlich ist die Gehirnentwicklung von autistischen Kindern bereits im Mutterleib gestört, was sich später auf eine normale Hirnentwicklung auswirkt. So haben autistische Kinder einen größeren hinteren Hirnabschnitt und in den ersten Lebensjahren einen größeren Kopfumfang.[...]"* [39]

Kleinhirn:

Aamodt und Wang schreiben, dass die Kleinhirne von Autisten kleiner sind; bei psylex.de wird eine Studie erwähnt, die ergab, dass autistische Jungen

> *„[...]eine deutlich niedrigere fraktale Dimension in der rechten Kleinhirnrinde hatten - was auf eine flachere Oberflächenstruktur hinweist [...]"* [40]

Bei biomedizin-blog.de[41] ist von einem Verlust der Purkinje-Zellschicht

---

39 https://www.netdoktor.de/krankheiten/autismus/ (Abgerufen: 29. Juni 2019)
40 https://psylex.de/entwicklung/autismus/kleinhirn.html (Abgerufen: 01. Juli 2019)
41 http://www.biomedizin-blog.de/de/neue-erkenntnisse-ueber-ursachen-von-autismus-wp261-166.html

bei Autisten die Rede.

Amygdala:

Offenbar verläuft die Entwicklung der Amygdala bei Autisten anders als bei Neurotypischen. Bei psylex.de steht:

> *"[...]Forscher der University of California at Davis fanden heraus, dass normal entwickelnde Kinder mehr Neuronen in einer Region des Gehirns (Amygdala) dazu gewinnen, die das soziale und emotionale Verhalten steuert, wenn sie erwachsen werden. Dieses Phänomen tritt bei Menschen mit Autismus nicht auf. Stattdessen haben Kinder mit Autismus-Spektrum-Störung (ASS) früh zu viele Neuronen und scheinen diese zu verlieren, wenn sie erwachsen werden. Die Ergebnisse wurden in der Zeitschrift Proceedings of the National Academy of Sciences veröffentlicht.[...]"* [42]

Hippocampus:

Auf den Seiten von aspergia.de[43] findet sich ein Eintrag, dem zu entnehmen ist, dass bei Autisten sowohl Amygdala als auch Hippocampus auffallend wenige Neuronen haben.

Vernetzung:

---

42 https://psylex.de/entwicklung/autismus/amygdala.html (Abgerufen: 03. Juli 2019)
43 http://www.aspergia.de/cms/download.php?cat=50_Downloads&file=oorschot-vererbung.PDF

Bei spektrum.de[44] wird davon berichtet, dass bei Autisten benachbarte Areale sind stärker, weiter entfernt liegende jedoch schwächer vernetzt sind.

Synapsen:

Zu den bemerkenswertesten Ergebnissen der Autismusforschung gehört zweifellos die Erkenntnis, dass Autisten mehr Synapsen im Gehirn haben.[45] [46]

Spiegelneuronen:

Spiegelneuronen nehmen in der Autismusforschung eine zentrale Rolle ein. Allerdings kursieren auch hier einmal mehr zum Teil recht widersprüchliche Annahmen.

Spiegelneuronen von Nichtautisten sind aktiv, wenn die betreffende Person eine Bewegung ausführt oder einer anderen Person dabei zusieht, wenn diese Bewegungen ausführt. Bei Autisten hingegen sind die Spiegelneuronen nur bei eigenen Bewegungen aktiv. Das zumindest behaupten mehrere Quellen[47] [48] - andere bestätigen diese Ergebnisse jedoch nicht.[49]

44 https://www.spektrum.de/news/falsch-verbunden/1185603
45 https://www.trendsderzukunft.de/wissenschaftler-haben-das-raetsel-um-die-genie-krankheit-autismus-gelueftet/
46 https://www.netdoktor.de/news/autismus-gehirne-sind-zu-gut-verschaltet/
47 https://www.spektrum.de/news/bei-autisten-ist-die-funktion-der-spiegelneuronen-gestoert/776478
48 http://www.empathie-lernen.de/spiegelneuronen-autismus-empathie
49 https://www.n-tv.de/wissen/Spiegelneuronen-arbeiten-article872478.html

Damit nicht genug: Auch in der Frage, ob die Aktivität der Spiegelneuronen auch im Zusammenhang mit der Herausbildung höherer menschlicher Regungen wie Empathie oder Einfühlungsvermögen steht, herrscht keine Einigkeit.

focus.de dazu:

> *„[...]Spiegelneuronen wird von vielen Forschern auch eine zentrale Rolle bei der emotionalen Entwicklung zugeschrieben. [...] Nur durch einfühlsame Behandlung vom ersten Lebenstag an entwickelten sich die Spiegelzellen so, dass das Kind sich später selbst in andere einfühlen könne.[...]"* [50]

Bei Wikipedia heißt es hingegen:

> *„[...]Der Analogieschluss, dass es Spiegelneuronen nicht nur für Körper-, sondern auch für Gefühlsbewegungen geben könnte, war so naheliegend, dass er sich noch schneller verbreitete als die tatsächlichen Beobachtungen. Bisher (Februar 2015) gibt es jedoch für keine Spezies Erkenntnisse über mögliche Gefühls-Spiegelneuronen. Die Möglichkeit eines Zusammenhangs zwischen Motor-Spiegelneuronen und Mitgefühl wird jedoch – als Möglichkeit – diskutiert.[...]"* [51]

Schwierigkeiten bei der Gesichtserkennung:

---

50 https://www.focus.de/wissen/mensch/spiegelneuronen-im-gehirn-autismus-als-stoerung-des-spiegelsystems_id_3955880.html (Abgerufen: 29. Juni 2019)
51 https://de.wikipedia.org/wiki/Spiegelneuron (Abgerufen: 29. Juni 2019, 13:03 UTC)

Bei Autisten werden beim Betrachten von Gesichtern Hirnareale aktiv, die eigentlich für das Erkennen von Gegenständen zuständig sind. Bei Nichtautisten werden Bilder von Gesichtern dagegen in einem eigens dafür zuständigen Areal verarbeitet.[52]

Hirnschäden:

Im Jahr 1975 untersuchten amerikanische Forscher die Gehirne von 17 autistischen Kinder mithilfe eines Pneumoencephalogramms. Bei 15 von ihnen wurden Schäden in der linken Gehirnhälfte festgestellt.[53]

Teilweise Makrozephalie, kleines Kleinhirn, Amygdala und Hippocampus vergrößert (ob nur temporär oder dauerhaft), andersartige Vernetzung verschiedener Hirnareale, mehr Synapsen, Abweichungen in der Funktion der Spiegelneuronen, inaktives Gesichtserkennungsareal, Hirnschäden – volles Programm also! Was aber ist Ursache und was Wirkung? Sind die typisch autistischen Verhaltensweisen die Folge eines etwas anderen genetischen Bauplans? Oder ist es vielleicht umgekehrt? Sind die gehirnanatomischen Unterschiede die Folge unterschiedlichen Gebrauchs des Denkorgans? Oder trifft gar beides zu? Wahrscheinlich ist Letzteres der Fall. Natürlich gibt es einen genetischen Bauplan, in dem die Anatomie einer jeden Spezies festgelegt ist. Aber sicher bleibt auch der Ge- bzw. Nichtgebrauch bestimmter Hirnareale nicht ohne Folgen für deren Ausbildung.

Neuroplastizität:

----

52 https://www.planet-
    wissen.de/natur/forschung/hirnforschung/pwieautismusderblindespiegel100.html
53 https://www.scinexx.de/dossierartikel/rechtes-und-linkes-hirn/

Vergleichen wir das Gehirn (oder Teile davon) mit Muskeln. Jeder, der schon einmal ein paar Gewichte gestemmt hat, wird bestätigen können, dass sich die Leistungsfähigkeit von Muskeln innerhalb eines bestimmten, individuell verschiedenen, Rahmens steigern lässt. Andersherum wirkt sich Nichtgebrauch äußerst negativ aus, wie jeder wird bestätigen können, der schon einmal das "Vergnügen" hatte, einen Gips tragen zu dürfen. Nicht anders verhält es sich mit dem Denkmuskel.

Die Art, wie wir unser Gehirn gebrauchen, hat maßgeblichen Anteil daran, wie es sich im Laufe unseres Lebens verändert. In der Wissenschaft wird diese Eigenschaft als neuronale Plastizität bezeichnen.

Unter neuronaler Plastizität versteht man laut Wikipedia:

> *"[...]die Eigenart von Synapsen, Nervenzellen oder auch ganzen Hirnarealen, sich zwecks Optimierung laufender Prozesse nutzungsabhängig in ihrer Anatomie und Funktion zu verändern.[...]"* [54]

Bei scinexx.de[55] wird von einer Studie berichtet, die belegt, dass sich durch die Nutzung von Smartphones die für Daumen und Zeigefinger zuständigen Hirnareale veränderten. Wenn selbst die Nutzung von Smartphones einen messbaren Einfluss auf bestimmte Regionen eines bereits vollständig entwickelten Gehirns haben kann, wie groß muss dann erst der Unterschied etwa zwischen Musikern und Nichtmusikern, Sportlern und Grobmotorikern, Rechengenies und Mathenieten, Leseratten und Buchverweigerern, Autisten und Neurotypischen sein, deren Gehirn – in aller Regel – seit frühester Kindheit auf andere Art

---

54 https://de.wikipedia.org/wiki/Neuronale_Plastizität (Abgerufen: 29. Juni 2019, 13:08 UTC)

55 https://www.scinexx.de/news/technik/smartphone-veraendert-das-gehirn/

und Weise gebraucht bzw. nicht gebraucht wird als das ihrer jeweiligen Pendants.

Vor diesem Hintergrund liegt die Vermutung nahe, dass einige der mit Autismus in Verbindung gebrachten gehirnanatomischen Besonderheiten nicht oder nicht ausschließlich die Ursache sondern, zumindest teilweise, die Folge des für Autisten charakteristischen - und sich von Nichtautisten unterscheidenden - Ge- bzw. Nichtgebrauchs des Denkorgans sind. Im folgenden werden die Funktionen der Hirnareale etwas näher beleuchtet, die in Rede stehen, Unterschiede zwischen Autisten und Neurotypischen aufzuweisen.

Die Amygdala ist lt. Wikipedia

> *"[...]an der Furchtkonditionierung beteiligt und spielt allgemein eine wichtige Rolle bei der emotionalen Bewertung und Wiedererkennung von Situationen sowie der Analyse möglicher Gefahren[...]"* [56]

Unter www.dasgehirn.info[57] wird von Affen berichtet, denen die Amygdala in beiden Hirnhälften gezielt zerstört wurde. Die Tiere wirkten emotionsloser als vorher, ihr Verhalten war gekennzeichnet vom Fehlen von Aggressivität. Sie gingen andererseits auch nicht in die Defensive, wenn dies geboten war. Als Beispiel wird die Begegnung mit einer gefährlichen Schlange angeführt, die bei gesunden Tieren einen Fluchtreflex ausgelöst hätte. Die Affen mit zerstörter Amygdala aber zeigten keinerlei Furcht.

Während bei pharmazeutische-zeitung.de[58] davon berichtet wird, dass

---

56 https://de.wikipedia.org/wiki/Amygdala (Abgerufen: 29. Juni 2019, 13:16 UTC)
57 https://www.dasgehirn.info/grundlagen/anatomie/die-amygdala
58 https://www.pharmazeutische-zeitung.de/ausgabe-472005/ein-zu-maennliches-

die Amygdala nur bei autistischen Kleinkindern vergrößert, bei erwachsenen Autisten hingegen kleiner ist, steht bei nlsetc.de,[59] dass die Amygdala bei Kindern mit Autismus größer ist als bei Kindern im gleichen Alter, weil sie ihre endgültige Größe bereits vor der Pubertät erreicht, wohingegen sie bei Nichtautisten während der Pubertät stark wächst. Nach Abschluss der Pubertät soll demnach ein Unterschied zwar nicht mehr in der Größe, wohl aber weiterhin im Aufbau feststellbar sein. Leider bin ich bei meinen Recherchen häufig auf widersprüchliche Angaben gestoßen, aber vielleicht ist das bei einem Phänomen, dessen Ursachen noch nicht vollständig erforscht sind und über dessen Auftretenshäufigkeit derart verschiedene Angaben kursieren, nur zu verständlich. Ist die vergrößerte Amygdala nun aber schon im Bauplan angelegt oder ist sie das Ergebnis verstärkten Gebrauchs? Die Amygdala schützt uns in Gefahrensituationen, in dem sie Angstzustände auslöst uns dadurch in einen Zustand erhöhter Konzentration versetzt. Könnte eine vergrößerte Amygdala nicht vielleicht die Folge davon sein, dass das Gehirn von Autisten in – objektiv betrachtet – vergleichbaren Situationen einen höheren Grad der Erregung aufweist? Und vielleicht normalisiert sich die Größe der Amygdala bei den Autisten, die das Glück haben, in einer reizarmen Umgebung leben zu können, während sie bei denen, die dieses Glück eben nicht haben, vergrößert bleibt.

Ganz in der Nähe der Amygdala liegt der Hippocampus. In beiden Gehirnhälften befindet sich eine Amygdala und ein Hippocampus.

Der Hippocampus ist lt. Wikipedia

> *„[...] enorm wichtig für die Gedächtniskonsolidierung, also die Überführung von Gedächtnisinhalten aus dem Kurzzeit- in das Langzeitgedächtnis.[...]Es wurde nachgewiesen,*

---

gehirn/
59 http://www.nlsetc.de/115.html

dass sich im erwachsenen Gehirn im Hippocampus neue Verbindungen zwischen bestehenden Nervenzellen bilden (synaptische Plastizität) und dass diese Neubildung mit dem Erwerb neuer Gedächtnisinhalte zusammen-hängt. [...][60]

Unter dasgehirn.info wird darauf verwiesen, dass der Hippocampus

„[...]einer der wenigen Orte im Gehirn ist, an dem zeitlebens Neurone neu geboren werden[...]"[61]

Aamodt und Wang erwähnen in ihrem Buch[62] eine Studie, bei der mittels Magnetresonanztomographie die Gehirne von 50 Londoner Taxifahrern mit denen von 50 Männern verglichen wurden, die nicht Taxi fuhren. Es stellte sich heraus, dass bei den Taxifahrern der hintere Hippocampus im Durchschnitt 7 Prozent größer, der vordere aber um 15 Prozent kleiner war als bei den Männern, die nicht Taxi fuhren. Bei erfahrenen Taxifahrern waren die Unterschiede noch ausgeprägter. Wer sich in Londons Straßen zurechtfinden wollte, musste (als es noch kein GPS gab) eine gewaltige Lernleistung erbringen, was die Ausbildungszeit von etwa 2 Jahren erahnen lässt. Bei Busfahrern, die immer auf derselben Strecke unterwegs waren, fanden sich hingegen keine Abweichungen. Wie aber ist der reduzierte vordere Hippocampus zu erklären? Könnte das ständige Wälzen von Stadtplänen zulasten der Bildung anderer Gedächtnisinhalte gegangen sein? Die Zeit, die das Studium von Straßenkarten beansprucht, ist natürlich für das Erlernen von etwas anderem, etwa von Sprachen, Musikinstrumenten, Karten-

---

60 https://de.wikipedia.org/wiki/Hippocampus (Abgerufen: 29. Juni 2019, 13:32 UTC)
61 https://www.dasgehirn.info/der-hippocampus (Abgerufen: 29. Juni 2019)
62 Sandra Aamodt und Samuel Wang   Welcome to your brain
   Ein repektloser Führer durch die Welt unseres Gehirns, C.H. Beck, 2008

oder Brettspielen - oder was es auch immer sein mag – verloren. Vielleicht trägt auch der Stress, dem Taxifahrer täglich ausgesetzt sind, seinen Teil dazu bei, dass der vordere Hippocampus im Schnitt etwas kleiner ist, denn chronischer Stress schadet dem Hippocampus.

Es scheint nur zu einleuchtend zu sein, dass auch der Hippocampus von Autisten, die sich in ihrem Spezialgebiet oft Unmengen an Detailwissen aneignen und denen eine weit überdurchschnittliche Merkfähigkeit bescheinigt wird, Unterschiede zu dem von Neurotypischen aufweist.

Durch das Zusammenspiel von Amygdala und Hippocampus sind wir, wer wir sind. Ohne Gedächtnis wären wir im Hier und Jetzt gefangen, könnten nicht auf Erfahrungen, die wir einmal gemacht und Wissen, das wir uns im Laufe des Lebens angeeignet haben, zurückgreifen. Emotionen – ob positiv oder negativ – erleichtern es unserem Gehirn, etwas in Erinnerung zu behalten. Sind die Emotionen extrem stark, kann dies auch dazu führen, dass uns ein Erlebnis ein Leben lang nachgeht, obwohl es uns belastet. Bemühen wir abermals das einleitende Beispiel mit der Autofahrt. Woran werden wir uns wohl noch lange Zeit danach erinnern? An das Radioprogramm oder die Landschaftseindrücke? Wohl kaum – es dürfte der Beinahe-Crash sein, der uns noch lange im Gedächtnis bleibt.

Oder versetzen Sie sich in die Lage eines Fußballnationalspielers, der im Elfmeterschießen eines WM-Finales den entscheidenden Elfer versemmelt. Dieses Negativ-Erlebnis wird er in Erinnerung behalten, solange sein Gedächtnis funktioniert. Auch der Torwart der gegnerischen Mannschaft, der den Elfmeter hält und damit zum Matchwinner wird, wird sich immer an die schicksalsträchtigen Sekunden erinnern. Für ihn allerdings wird die Erinnerung positiv besetzt sein – des einen Freud des anderen Leid.
Neben Angst und anderen emotionsbehafteten Erlebnissen bleiben uns gewöhnlich Dinge im Gedächtnis, die uns aus irgendeinem Grund

interessieren. Diese persönlichen Interessen können sich natürlich von Individuum zu Individuum sehr stark unterscheiden. Während die eine Person Erfüllung im zeitaufwendigen Studium von Schacheröffnungen finden mag, ist es der Promiklatsch, der die andere wissbegierig verfolgt. Egal ob Militärgeschichte, Sprachen, Astronomie, klassische Musik, abstrakte Malerei oder Wrestling – das Interesse daran wird in der Regel dazu führen, dass wir uns mehr Wissen in dem jeweiligen Gebiet aneignen, als es Zeitgenossen tun, die sich eben nicht dafür interessieren. Jemand, dem so ziemlich alles schnurzpiepegal ist, wird es sicher nicht zum Quizchampion bringen. Emotional unterlegtes Lernen erleichtert die Wissensanhäufung erheblich. Stellen Sie sich vor, Sie müssten eine Seite mit völlig willkürlich aneinandergereihten Buchstaben auswendig lernen. Für Nichtautisten ein Horror; die meisten werden wohl innerlich schon abschalten, bevor sie einen Versuch starten. Jemand, der sich aber aus welchen Gründen auch immer dafür interessiert, der emotional beteiligt ist, wird sich dagegen wesentlich leichter tun. Genau das charakterisiert Autisten: extreme Wissensanhäufung in ihren Spezialinteressen, auch wenn es der Inhalt von Telefonbüchern oder irgendwelchen Fahrplänen ist, die im Zentrum ihres Interesses stehen. Die Art des Ge- bzw. Nichtgebrauchs könnte nicht nur die Auffälligkeiten der Amygdala und des Hippocampus sondern auch die anderen gehirnanatomischen Besonderheiten, die mit Autismus in Verbindung gebracht werden, erklären.

Vernetzung

Nutzen Sie doch einmal Ihren nächsten Einkauf im Supermarkt zu einem kleinen Experiment. Versuchen Sie, die Preise der Waren, die Sie in den Einkaufswagen legen, im Kopf zu addieren. Sie werden wahrscheinlich so darauf konzentriert sein, den Preis eines jeden Artikels in Erfahrung zu bringen, diesen dann zu der Summe der Preise der Waren, die sich bereits im Wagen befinden, dazuzurechnen und dann noch die Zwischensumme im Kopf zu behalten, dass Sie Ihre Aufmerksamkeit kaum noch auf etwas anderes richten werden. Beim nächsten Einkauf werfen Sie die Waren einfach in den Wagen und versuchen stattdessen soviel von Ihrer Umgebung wahrzunehmen, von den Kunden im Markt, von der ganzen Atmosphäre, von der Platzierung der Waren in den Regalen. Je konzentrierter Sie damit beschäftigt sind, die Preise zu addieren, desto weniger bekommen Sie von der Umgebung mit und umgekehrt. Würden Sie nun aber bei jedem Einkauf sie Preise im Kopf addieren, wären Sie wahrscheinlich bald ein kleiner Kopfrechenvirtuose. Während in den Arealen Ihres Gehirns, die beim Rechnen aktiv sind, dank der starken Beanspruchung womöglich neue neuronale Verknüpfungen entstehen würden oder die bestehenden zumindest erhalten blieben, wären die sogenannten Assoziationsareale, deren Aufgabe darin besteht, Sinnesreize zu bewerten und einzuordnen, unterbeschäftigt. Nun hat jeder Einkauf einmal ein Ende. Wenn Sie zu der Mehrheit der Menschen zählen, die Ihrem "Denkmuskel" auch einmal ein bisschen Entspannung gönnen können, ist es bestimmt nicht verkehrt, die grauen Zellen ab und zu mit ein bisschen Kopfrechnen (oder etwas anderem, das erhöhte Konzentration erfordert) auf Trab zu halten. Was aber geschieht in den Gehirnen derer, die dies nicht können, die – und das von frühester Kindheit an - ständig mit der bewussten Verarbeitung von Reizen beschäftigt sind, die bei besagter Mehrheit der Menschen auf unbewusster Ebene gefiltert werden? Ist es nicht logisch, wenn deren Gehirne etwas anders strukturiert sind, nicht nur was die Amygdala und den Hippocampus betrifft? Kann es überhaupt ausbleiben, dass in deren Gehirne benachbarte Regionen stärker, weiter entfernt liegende jedoch schwächer vernetzt sind, als dies bei Durchschnittsgehirnen der Fall ist? Auch die verschiedentlich geschilderten morphologischen Auffälligkeiten des Corpus Callosum erscheint vor diesem Hintergrund plausibel, denn das Corpus Callosum

"[...]ist ein großes Kommissurensystem, das [...] quer zwischen den beiden Hemisphären des Großhirns verläuft und diese verbindet. Das Corpus callosum gehört zur

Weißen Substanz des Endhirns [...]" [63]

Auf den Seiten des National Center for Biotechnology Information, USA findet sich ein Eintrag, aus dem hervorgeht, dass das Corpus Callosum bei autistischen Kindern ein geringeres Volumen aufweist, als das ihrer neurotypischen Altersgenossen.

"[...]An MRI-based morphometric study of the total CC volume and its 7 subdivisions was conducted and involved 22 children with autism (age range 8.1–12.7 years) and 23 healthy, age-matched controls. Reductions in the total volume of the CC and several of its subdivisions were found in the autism sample.[...]" [64]

Kleinhirn:

Wir fragen weiter: Warum weisen die Kleinhirne von Autisten eine bis zu 50 Prozent verringerte Anzahl an Purkinjezellen auf? Bauplan oder Gebrauchsspuren (oder besser gesagt: Nichtgebrauchsspuren)? Das Kleinhirn ist für die Koordinierung von Bewegungen zuständig. Purkinjezellen sind die größten und kompliziertesten Nervenzellen des Menschen. Das Kleinhirn enthält normalerweise ca. 15 Millionen Purkinjezellen. Jede davon ist mit mehr als 100000 weiteren verbunden.[65] Sind die Größe des Kleinhirns im allgemeinen und Zahl der Purkinjezellen im speziellen wirklich ausschließlich genetisch vorbestimmt, oder könnten Umfang und Art der Bewegungen, die ein

---

63 https://de.wikipedia.org/wiki/Corpus_callosum (Abgerufen: 29. Juni 2019, 13:36 UTC)

64 https://www.ncbi.nlm.nih.gov/pmc/articles/PMC2761427/ (Abgerufen: 05. Juli 2019)

65 https://www.dasgehirn.info/grundlagen/anatomie/die-kleinhirnhemisphaeren

Mensch tagtäglich ausführt, nicht (zumindest teilweise) auch eine mögliche Erklärung für die Unterschiede sein? Ist es nicht logisch, dass die Kleinhirne von professionellen Trampolinspringern oder Kunstturnern einfach besser trainiert sind als die von Leuten, die einen Großteil ihrer Zeit damit verbringen, Telefonbücher oder Fahrpläne auswendig zu lernen oder solchen, deren Bewegungen stereotype Muster aufweisen? Kunstturner und Trampolinspringer können erst ab einem bestimmten Alter ihrem Sport nachgehen, Autisten jedoch nehmen die Welt bereits im Säuglings- und Kleinkindesalter anders wahr. Die Gehirnreifung in diesem frühen Entwicklungsstadium verläuft allem Anschein nach bei autistischen Kleinkindern anders. Ist dies nun aber die Ursache oder die Folge der andersartigen Wahrnehmung? Ein Kleinkind, das sensibler auf Reize reagiert, das Geräusche, die die meisten Altersgenossen nicht stören, schon als Lärm wahrnimmt, normale Berührungen als Schmerz und Sonnenlicht als unerträglich gleißend empfindet, dieses Kind wird auch hinsichtlich seines Bewegungsdrangs Unterschiede zu der Mehrheit der Kinder aufweisen. Ein Kind, das ständig von Sinnesreizen "erschlagen" wird, wird kaum ähnlich viel Zeit mit Herumtollen verbringen, das für das Erlernen komplexer koordinierter Bewegungen so wichtig ist. Ein vergleichsweise kleines Kleinhirn könnte somit durchaus die Folge der andersartigen Wahrnehmung sein.

Makrozephalie:

Aamodt und Wang[66] weisen darauf hin, dass viele Autisten große Gehirne, aber kleine Kleinhirne haben. Auch laut aerzteblatt.de[67] haben etwa 20 Prozent der Autisten ein ungewöhnlich großes Gehirn. Und bei pharmazeutische-zeitung.de[68] ist von einer überdurchschnittlichen

---

66 Sandra Aamodt und Samuel Wang   Welcome to your brain
   Ein repektloser Führer durch die Welt unseres Gehirns, C.H. Beck, 2008
67 https://www.aerzteblatt.de/nachrichten/63524/Mini-Gehirne-aus-Hautzellen-
   erklaeren-Autismus
68 https://www.pharmazeutische-zeitung.de/ausgabe-472005/ein-zu-maennliches-
   gehirn/

Kopfgröße zu lesen. Während also die Ausbildung des Kleinhirns bei Autisten unter dem Durchschnitt liegt, muss es andere Bereiche des Gehirns geben, bei denen genau das Gegenteil zutrifft. Um auf den gleichen Durchschnitt zu kommen, muss schließlich die geringere Größe eines Teils des Gehirns erst einmal durch die überdurchschnittliche Größe anderer Teile ausgeglichen werden. Sind aber die Gehirne einiger Autisten trotz eines kleineren Kleinhirns deutlich größer als im Bevölkerungsdurchschnitt, dann muss rein rechnerisch die Größe des Rests weit jenseits dessen liegen, was der Neurotypische diesbezüglich vorzuweisen hat. Laut Wikipedia wird von Makrozephalie gesprochen

"[...] wenn der Kopfumfang über dem 97 Perzentil des alters- und geschlechtsspezifischen Vergleichskollektivs liegt. [...]" [69]

Einem Eintrag auf den Seiten von viva-read[70] ist zu entnehmen, dass Makrozephalie diagnostiziert wird, wenn der Kopfumfang eines Kindes mehr als zwei Standardabweichungen über dem Durchschnitt liegt.

Ist ein großes Gehirn nun generell etwas Positives? Vielfach wird in Abhandlungen über die menschliche Stammesgeschichte die Zunahme der Hirngröße mit der Entwicklung der dem Menschen eigenen Fähigkeit, logisch und abstrakt zu denken, assoziiert. Unser Gehirn ist etwa dreimal so groß wie das von Menschenaffen. Australopithecinen, also unsere ersten aufrecht gehenden Vorfahren, hatten ebenfalls noch ein Gehirn, dessen Größe etwa der der Menschenaffen entsprach. Der Homo habilis, frühester Vertreter der Gattung Homo, hatte schon durchschnittlich 640 cm³, dem Homo erectus war es vorbehalten, die Zwei-Pfund-Grenze zu knacken. Über die durchschnittliche

---

69 https://de.wikipedia.org/wiki/Makrozephalie (Abgerufen: 29. Juni 2019, 13:45 UTC)
70 http://de.viva-read.com/article/makrozephalie

Gehirngröße des heutigen Menschen erfahren wir bei Wikipedia folgendes:

"[...]Die Gehirne von Männern und Frauen unterscheiden sich in der Größe und im Aufbau. Durchschnittlich wiegt das Gehirn eines erwachsenen Mannes je nach Ethnie etwa 1400 g. Bei gleicher Statur von Mann und Frau ist das Gehirn bei Männern durchschnittlich 100 g schwerer.[...]" [71]

Würden Sie mit einem Homo habilis oder gar einem Australopithecus tauschen wollen? Doch was sagt die Größe eines Gehirns wirklich über die geistigen Fähigkeiten seines Besitzers aus? Der Neandertaler hatte ein größeres Gehirn als die meisten heute lebenden Menschen. Bei evolution-mensch.de[72] ist zu erfahren, dass das Gehirn von Jonathan Swift, dem Verfasser von Gullivers Reisen, ein stattliches Volumen von 2000 cm³ hatte. Demgegenüber nahm sich das Denkorgan von Anatole France mit gerade einmal 1000 cm³ recht bescheiden aus. Doch Anatole France war Nobelpreisträger für Literatur und steht infolgedessen nicht gerade im Verdacht, seine Tage als Vollpfosten gefristet zu haben. Ein Artikel auf spektrum.de[73] widmet sich den Besonderheiten des Gehirns von Albert Einstein. Neben ungewöhnlich großen Scheitellappen (15 Prozent über dem Durchschnitt) findet besondere Erwähnung, dass das Volumen seines Gehirns mit 1230 cm³ unterhalb dem des männlichen Durchschnittsgehirns (dessen Größe mit 1375 cm³ angegeben wird) liegt.

Größe ist anscheinend nicht alles – auch auf die Verschaltung kommt es an. Und auch diesbezüglich gibt es Interessantes zu vermelden.

---

71 https://de.wikipedia.org/wiki/Gehirn (Abgerufen: 29. Juni 2019, 13:50 UTC)
72 https://www.evolution-mensch.de/thema/gehirn/gehirn.php
73 https://www.spektrum.de/news/einsteins-ungewoehnliches-gehirn/992155

Autisten haben mehr Synapsen:

Ein Forscherteam des Columbia University Medical Center um Neurobiologe David Sulzer fand heraus, dass in den Gehirnen von Menschen ohne Autismus die Zahl der Synapsen vom Kleinkindesalter bis zur späten Kindheit um fast 50 Prozent zurückgegangen war, wohingegen bei Autisten lediglich ein Rückgang von 16 Prozent festgestellt werden konnte.[74]

Der Verlust von Synapsen ist ein natürlicher Vorgang. Im Säuglingsalter bilden sich unzählige Synapsen aus. Viele von ihnen werden jedoch nicht benötigt und wieder beseitigt, bei Autisten aber offenbar bei weitem nicht so viele wie bei Neurotypischen.

Kann ein Zuviel an Synapsen eine Entwicklungsstörung sein? Die wenigsten unter uns würden sich wohl ein Gehirn wünschen, das viel weniger Synapsen aufweist als ein Durchschnittsgehirn. Aber ein Zuviel scheint auch Probleme zu bereiten. Wer legt überhaupt fest, was ein Zuwenig und was ein Zuviel ist? In einer Welt, in der Autisten die Mehrheit der Bevölkerung stellen würden, würde den Gehirnen derer, die in unserer Welt als Neurotypische klassifiziert werden, sicher ein Mangel an Synapsen bescheinigt werden. Es ist einzig und allein die Abweichung vom Durchschnitt, die diejenigen, die davon betroffen sind, in den Augen derer, die davon nicht betroffen sind, zu Gestörten werden lässt.

Gehirnhälfteanomalien / Hirnschäden:

Eigentlich rechtfertigen die bisher aufgelisteten Unterschiede nicht unbedingt, Autismus als Störung zu bezeichnen. Wäre also der Begriff Andersartigkeit nicht eher angebracht? In vielen - vielleicht den meisten - Fällen ist dies wohl die passende Umschreibung. Tritt aber Autismus zusammen mit Epilepsie auf, wäre es ein wenig

---

74 https://medicalspro.com/children-with-autismhave-too-many-synapses-their-brain

verharmlosend, dies nur mit Andersartigkeit zu bezeichnen. Ein epileptischer Anfall, bei dem es zu Kontrollverlust kommt, ist eine gravierende Störung, die in der Zeit, in der wir als Jäger und Sammler unterwegs waren, früher oder später wahrscheinlich tödliche Konsequenzen gezeitigt hätte. Neben dem Zusammenhang Autismus-Epilepsie gibt es noch einen weiteren, der es rechtfertigen könnte, Autismus, jedenfalls die schwereren Fälle, als Störung einzustufen: der Zusammenhang Autismus-Hirnschäden.

Wie bereits erwähnt, untersuchten untersuchten amerikanische Forscher Jahr 1975 die Gehirne von 17 autistischen Kindern.[75] Bei 15 von ihnen stellten sie Schäden in der linken Hirnhemisphäre fest. Da die Untersuchung 1975 stattfand und zu dieser Zeit Autismus noch sehr viel seltener als heute diagnostiziert wurde, ist es wahrscheinlich, dass es sich bei den Untersuchten um Kinder mit klar ausgeprägtem Autismus handelte. Sollten tatsächlich 15 von 17 Kinder Schäden in der linken Hirnhälfte aufgewiesen haben (und es sich dabei nicht etwa nur um von der Norm abweichende gehirnanatomische Charakteristika, die als Schaden interpretiert worden waren, gehandelt hat), dann ist das ein starkes Indiz dafür, dass es sich bei Autismus, zumindest in seinen ausgeprägten Erscheinungsformen, eben doch nicht nur um eine Diversität, sondern um eine Störung handeln muss. Dennoch ergaben die Untersuchungen bei 2 von 17 Kindern offenbar keine Schäden in der linken Gehirnhälfte. Möglicherweise sind besagte Schäden nicht zwingende Voraussetzung für das Auftreten von Autismus, sie könnten aber Einfluss auf den Schweregrad haben.

Zu den erstaunlichsten Errungenschaften der Gehirnforschung zählt zweifellos die Erkenntnis, dass Funktionsstörungen bestimmter Hirnareale die Voraussetzung für die Herausbildung ungewöhnlicher Fähigkeiten sein können. Offenbar gibt es Hirnregionen, die andere daran hindern, besondere Leistungen zu erbringen. Sind diese geschädigt, können die betroffenen Personen erstaunliche Potenziale entfalten.

---

75 http://www.scinexx.de/dossier-detail-428-8.html

Die ungewöhnlichen Leistungen, die bei Inselbegabten zu bestaunen sind, sind Gegenstand eines Artikels von focus.de.[76] Darin wird der Fall eines neunjährigen Jungen geschildert, in dessen linke Schläfe eine Gewehrkugel eingedrungen war. Die Folgen waren gravierend - und überraschend: Er war zwar von da an taubstumm und geistig behindert, konnte aber plötzlich komplexe technische Geräte konstruieren. Im selben Artikel wird von Patienten mit einer speziellen Form von Alzheimer berichtet, bei denen Hirnscans Schädigungen der linken Hirnhälfte zeigten. Diese Patienten waren plötzlich fähig, hervorragend zu zeichnen oder Musikstücke auf einem Instrument nachzuspielen.

Als Ursache für die Schädigung der linken Gehirnhälfte wird eine Testosteron-Vergiftung während der Embryonalentwicklung vermutet. Die linke Gehirnhälfte hinkt in ihrer Entwicklung der rechten immer ein wenig hinterher und ist deshalb möglichen schädlichen Einflüssen länger ausgesetzt. Jungen erzeugen im Mutterleib mehr Testosteron als Mädchen. Das könnte, so die Vermutung, auch erklären, warum Autismus bei Jungen häufiger vorkommt und weshalb es viel mehr männliche als weibliche Savants gibt. Die These scheint vordergründig recht schlüssig, doch ist sie das wirklich? Gut möglich, dass Testosteron einen schädlichen Einfluss auf die Gehirnentwicklung hat, aber wie lässt sich dann erklären, dass Autisten mehr und nicht weniger Synapsen im Gehirn haben? Alles was ich bisher über Autismus gelesen und gehört habe und einige Beobachtungen, die ich im Laufe der Jahre, in denen ich mich mit dieser Thematik beschäftige, machen konnte oder musste, lassen mich vermuten, dass Testosteron nicht – oder jedenfalls nicht ausschließlich – die Ursache sein kann, sondern dass dem erregenden Neurotransmitter Glutamat eine entscheidende Rolle dabei zukommt, denn Glutamat wirkt in hohen Dosen neurotoxisch.[77]

---

76 https://www.focus.de/gesundheit/ratgeber/gehirn/forschung/geistes-giganten_aid_26670.html
77 https://lwfreiheit.wordpress.com/2011/06/17/geschmacksverstarker-glutamat-ist-

Über die Wirkung von Glutamat

Glutamat wird auch im Lebensmittelhandel als Geschmacksverstärker eingesetzt und ist alles andere als unumstritten. Bereits im Jahr 1960 stellte John W. Olney in Tierversuchen massive Hirnschädigungen bei Jungtieren, in deren Futter Glutamat beigemengt wurde, fest. Nachdem zahlreiche Studien die neurotoxische Wirkung von Glutamat bestätigten, wurde der Geschmacksverstärker in Babynahrung fast überall verboten.

Artikel auf infoblatt.weebly[78] und zentrum-der-gesundheit[79] liefern einige aufschlussreiche Erkenntnisse über die vielfältigen Wirkungen von Glutamat. Die Palette reicht über Verletzungen und winzigen Hohlräumen im Gehirn von Mäusebabys, die durch Glutamat verursacht wurde, über die Herausbildung von Übergewicht, Herzkrankheiten und Diabetes bei erwachsenen Ratten, die kurz nach ihrer Geburt fünf Tage lang Glutamat injiziert bekamen. Desweiteren wird von einer Veränderung des Essverhaltens berichtet (Glutamat bewirkt ständigen Hunger und damit einhergehender Gefräßigkeit – man isst mehr als man müsste). Doch damit nicht genug: Glutamat steht zudem im Verdacht, neurodegenerative Erkrankungen wie Alzheimer und Parkinson zu fördern. Und um noch eins draufzusetzen: Der Forscher Dr. Ohguro von der Hirosaki Universtät glaubt, in Glutamat auch eine Ursache für den in Ostasien weit verbreiteten Grünen Star ausgemacht zu haben. Diese Annahme wird gestützt von Tierversuchen, in denen Ratten, denen über ein halbes Jahr lang hohe Dosen Glutamat verabreicht wurde. Die Sehkraft der so behandelten Tiere ließ stark nach, ihre Netzhaut war deutlich dünner als die der Vergleichsgruppe. Die Tiere erblindeten schließlich. Aber selbst damit noch immer nicht genug: bei zentrum-der-gesundheit.de[80] wird überdies

---

neurotoxisch/
78 http://infoblatt.weebly.com/glutamat.html
79 https://www.zentrum-der-gesundheit.de/glutamat.html
80 https://www.zentrum-der-gesundheit.de/glutamat-ia.html

auf die Rolle von Glutamat bei Schlaganfällen eingegangen:

"[...]Auch die schwersten Gehirnschäden nach dem Schlaganfall entstehen nicht dadurch, dass der Sauerstoffmangel sehr viele Gehirnzellen zerstört; die wenigen wirklich so zerstörten Zellen setzen u.a. große Mengen an Glutamat frei, das die eigentliche Hauptzerstörung verursacht.[...]"

Wie nicht anders zu erwarten, gibt es aber auch Stimmen[81], die ihre Zweifel daran zu Ausdruck bringen, dass Glutamat, das mit der Nahrung aufgenommen wird, überhaupt die Blut-Hirn-Schranke überwinden kann. In besagtem Artikel von spiegel.online wird zudem darauf verwiesen, dass Glutamat, das aus dem Darm in den Körper aufgenommen wird, chemisch verändert werde. Vielleicht könnte das Rätsel Autismus ein Stück weit gelüftet werden, wenn es gelingt, die Gene zu lokalisieren, die für die Bildung und Steuerung des körpereigenen Glutamats verantwortlich sind.

Wer sich im Internet auf die Suche nach sogenannten Autismus-Genen macht, stößt früher oder später auf schwer verdauliche Begriffe wie proSAP/shank, Neurexin, Neuroligin und mTOR. Es ist Sache der Wissenschaft, sich des Themas anzunehmen. Möglicherweise können aber auch Laien einen Anstoß geben, der die Suche nach der/n Ursache/n von Autismus ein Stück weit in eine vielversprechende Bahn zu lenken geeignet ist. Als zielführend könnte sich dabei die Untersuchung des Zusammenhangs von Autismus und dem Auftreten bestimmter Auffälligkeiten, Erkrankungen oder Merkmale erweisen. Neben dem bereits genannten Zusammenhang von Autismus und

---

81 z. B. https://www.spiegel.de/gesundheit/diagnose/mythos-oder-medizin-wirkt-glutamat-bei-lernstoerung-und-adhs-a-942680.html

Epilepsie scheint mir der von Autismus und Augenerkrankungen der näheren Betrachtung wert zu sein.

So besorgniserregend die Berichte über die schädliche Wirkung von Glutamat auch zweifellos sind, vielleicht bieten ja gerade die Augenerkrankungen die Chance, wertvolle Hinweise auf die genetischen Ursachen von Autismus zu erlangen. Wäre es nicht einen Versuch wert, das Genom von Menschen mit Netzhauterkrankungen (z. B. Glaukom, Retinitis pigmentosa, Netzhautablösung) mit dem von Autisten zu vergleichen und auf Erbanlagen hin zu untersuchen, die beide Gruppen aufweisen, in denen sie sich jedoch von Menschen unterscheiden, die weder autistisch noch augenkrank sind? Ich habe einige Beobachtungen gemacht, die mich vermuten lassen, dass viele der in jungen Jahren erblindeten Menschen Autisten sind und dass bei einer großen Zahl von ihnen der Autismus überhaupt nicht erkannt wurde, weil Außenstehende ihr Verhalten als Folge ihrer Erblindung interpretierten, jedenfalls dann, wenn es sich bei den davon Betroffenen um Asperger-Autisten handelt, ihre Fähigkeit mittels Sprache zu kommunizieren also nicht beeinträchtigt ist. So ist es für Blinde natürlich sehr hilfreich, Dinge immer am selben Ort abzulegen, um sie schneller wiederfinden zu können. Auch Autisten zeigen dieses Verhaltensmuster. Bei einem Sehenden mutet es den Nichtautisten in seinem Umfeld aber schnell befremdlich an, wenn er Gegenstände immer zentimetergenau am selben Ort ablegt. Auch ein starrer, ständig wiederkehrender Tagesablauf kann für Blinde eine Erleichterung darstellen, da sie aufgrund ihrer Behinderung eben weniger flexibel auf Unerwartetes reagieren können. Anders als bei sehenden Autisten wird für Außenstehende das Verhalten des blinden Menschen eher nachvollziehbar sein.

Vielfach wird blinden Menschen die Fähigkeit zugeschrieben, bei der Wahrnehmung der übrigen Sinneseindrücke den Sehenden überlegen zu sein, Geräusche hören zu können, die für andere nicht wahrnehmbar sind, besser riechen und schmecken zu können und Berührungen intensiver wahrzunehmen. Die Annahme scheint nahezuliegen, dass der Wegfall optischer Sinnesreize die Ursache der höheren Sensitivität ist. Schließlich sind 60 Prozent der Gehirnrinde an der Verarbeitung optischer Sinnesreize beteiligt[82]; jemand, der nicht sieht, könnte folglich über zusätzliches Potenzial verfügen, das bei Sehenden gebunden ist. Oder aber verhält sich die ganze Sache vielleicht sogar umgekehrt: Könnte nicht gerade die intensivere Wahrnehmung von Sinneseindrücken der Grund dafür sein, dass das ständig mit der Verarbeitung von Reizen (die von Normalos gar nicht bewusst wahrnehmbar sind) überforderte Gehirn nach und nach eine Leitung (Netzhaut) kappt, um wenigstens einem Teil des Bombardements zu entkommen. Angenommen es gäbe solche Fälle, dann wäre in ihnen die Blindheit die Folge einer beeinträchtigen Filterfunktion des Gehirns und zugleich selbst ein Filter zum Schutz vor Reizüberflutung? Wenn dem tatsächlich so sein sollte, könnte die weitverbreitete These, dass das Asperger-Syndrom eine milde Form von Autismus darstellt, wohl kaum aufrecht zu erhalten sein. Vielmehr müsste dann davon ausgegangen werden, dass es innerhalb des Asperger-Syndroms schwere, mittelschwere und milde Formen gibt. Das Aufmerksamkeitsdefizit-Hyperaktivität-Syndrom (ADHS) scheint nichts anderes zu sein, als eine milde Form der milden Form des Asperger-Syndroms. Auf den Seiten von adhs-deutschland.de[83] wird die Prävalenzrate von ADHS mit ca. 5 Prozent der Kinder und Jugendlichen im Alter von 3 bis 17 angegeben, wobei Jungen etwa viermal häufiger betroffen sind. Überdies findet sich auf derselben Seite auch ein Hinweis auf internationale Prävalenzraten: ca. 9,2 Prozent der Jungen und 2,9 Prozent der Mädchen wären demnach betroffen – ein ähnliches Verhältnis wie bei Autismus. Diese Daten scheinen zugegebenermaßen der auf Seite 100 dargelegten Vermutung zu widersprechen, dass sich mit einem Anstieg der Diagnosen insgesamt der Anteil der Diagnosen, der auf Mädchen entfällt, ebenfalls

---

82 https://www.dasgehirn.info/wahrnehmen/sehen/wer-wie-was-die-verarbeitung-von-visuellen-informationen

83 https://www.adhs-deutschland.de/Home/ADHS/ADHS-ADS/Haeufigkeit.aspx

steigen müsste. Es gilt aber zu bedenken, dass ADHS häufig erst im Schulalter diagnostiziert wird und Jungs sich nun einmal anders verhalten als Mädchen und infolgedessen wahrscheinlich öfter auffällig werden. Dementsprechend wird auch bei adhs-deutschland.de darauf hingewiesen, dass im Kinder- und Jugendalter Geschlechtseffekte vorliegen, die im Erwachsenenalter nicht mehr in dieser ausgeprägten Form feststellbar sind. Überdies dürfte es eine Reihe von Kindern geben, bei denen ein Arzt Asperger-Syndrom, ein anderer ADHS und wieder ein anderer gar nichts diagnostizieren würde, und wahrscheinlich steigt die Zahl dieser „Ermessensdiagnosen" im gleichen Maß, in dem das Verhalten der Diagnostizierten näher an dem von durchschnittlichen Neurotypischen liegt. Hilfreich wäre sicher ein Gentest, der darüber Aufschluss geben könnte, ob und wenn ja, wie ausgeprägt ein Neu- oder gar ein Ungeborenes von ADHS oder Autismus betroffen sein wird. Als vielversprechender Ansatz könnten sich Versuche an Mäusen erweisen, bei denen die Wirkung der ProSAP/Shank-Proteinen erforscht wurde. Die synaptischen Kontaktstellen werden durch Gerüstproteine stabilisiert, zu denen auch die ProSAP/Shank-Familie gehört. Bei gesundheitsindustrie-bw.de[84] wird von Untersuchungen berichtet, bei denen Forscher herausfanden, dass ProSAP1/Shank2 unmittelbar die Synapsen des Gehirns beeinflusst. Wurde ProSAP1/Shank2 ausgeschaltet, bildete sich an den Synapsen der Versuchstiere vermehrt das verwandte Gerüstprotein ProSAP2/Shank3. Dies wiederum ging mit einer Zunahme bestimmter Glutamat-Rezeptoren einher. An anderer Stelle des Berichts wird ProSAP2/Shank3 als "heißes Autismus-Kandidatengen" bezeichnet.

Ist die Vorstellung wirklich so abwegig, dass die Schädigungen der linken Gehirnhälfte, von der bei Autisten verschiedentlich berichtet wird, von Glutamat und nicht von Testosteron verursacht wurde, genauer gesagt, von einem genetisch bedingten Glutamatüberschuss, der während der frühen Reifungsphase bei Ungeborenen eben jene

---

84 https://www.gesundheitsindustrie-bw.de/de/fachbeitrag/aktuell/autismus-gen-sorgt-fuer-fehltoene-im-synapsenkonzert/

Schäden verursacht?

Die Ergebnisse der Forschung an den ProSAP/Shank-Proteinen erhärten jedenfalls den Verdacht, dass es nicht nur die Andersartigkeit der Nutzung ist, die zu den mit Autismus in Verbindung gebrachten gehirnanatomischen Besonderheiten führt. Sie sind anscheinend vielmehr das Produkt aus genetisch bedingten Abweichungen im Bauplan und der durch diese Abweichungen begünstigten Andersartigkeit der Nutzung.

mTOR:

Ein weiteres Protein, das im Zusammenhang mit Autismus zu stehen scheint ist mTOR. Bei netdoktor.de[85] ist zu erfahren, dass Menschen und Mäuse mit Autismus eine besonders große Menge an mTOR im Gehirn haben. Das Protein bremst die Zellverdauung, sodass bei Autisten überflüssige Synapsen nicht abgebaut werden. An autistischen Mäusen, denen der Wirkstoff Rapamycin verabreicht wurde, beobachteten die Forscher um Dr. David Sulzer am Columbia University Medical Center eine Blockade der Wirkung von mTOR. Die daraufhin folgenden Untersuchungen ergaben, dass sich die Synapsenzahl der behandelten Mäuse denen ihrer nichtautistischen Artgenossen angenähert hatte. Auch ihr Verhalten änderte sich dahingehend, dass sie sich weniger autistisch verhielten.

Möglicherweise bietet sich hier ein Ansatz, um während der frühen Reifungsphase des Gehirns in irgendeiner Weise einzugreifen. Die Frage wird sein, ob eine Gesellschaft, die in der Lage und gewillt wäre, Autismus einfach komplett wegzutherapieren, in Zeiten fortschreitender technologischer Spezialisierung nicht gegenüber Gesellschaften, die dies nicht täten, gravierende Wettbewerbsnachteile in Kauf nehmen müsste. In jedem Fall aber ist es wichtig, Autismus so frühzeitig wie möglich zu diagnostizieren, andernfalls werden all die

---

85 https://www.netdoktor.de/news/autismus-gehirne-sind-zu-gut-verschaltet/

Missverständnisse, die im Zusammenleben von Autisten und Nichtautisten mit Sicherheit auftreten werden, zwangsläufig zu einer Belastung für alle Beteiligten. Sollte es jemals einen Gentest geben, anhand dessen Autismus zweifelsfrei nachgewiesen werden kann,[86] so dürfte dies sicher noch einige Zeit auf sich warten lassen. Derzeit sind Eltern, die wissen möchten, ob ihr Kind autistisch ist, auf eine möglichst frühzeitige und zutreffende Diagnose angewiesen. Meist führen Auffälligkeiten im Kleinkindesalter (Blickkontakt wird nicht gesucht, verzögerte oder ganz ausbleibende Sprachentwicklung usw.) dazu, dass die Eltern der betroffenen Kinder fachärztlichen Rat suchen. Möglicherweise gibt es aber Indizien, die schon bei der Geburt oder noch früher darauf hindeuten, dass ein Kind mit größerer Wahrscheinlichkeit autistisch veranlagt sein könnte.

---

86 was schwierig werden dürfte, weil es keine klare Grenze gibt, die definiert ab wann jemand als Autist eingestuft wird

Man sieht es ihnen nicht an. Oder doch?

Ich habe lange überlegt, ob es sinnvoll und angebracht ist, dieses Kapitel in diesem Buch aufzunehmen. Was darin geschrieben steht, ist zugegebenermaßen ziemlich spekulativ und könnte leicht zu falschen Schlüssen führen - dennoch glaube ich nicht, dass es völlig aus der Luft gegriffen ist. Es geht um zwei Merkmale, von denen ich glaube, dass sie bei Autisten häufiger anzutreffen sind als in der Gesamtbevölkerung. Das erste Merkmal ist die Vierfingerfurche.

Sehen Sie sich Ihre Hände an, denn sie verraten mehr über Sie als es irgendein Test, ein Zeugnis oder eine Auszeichnung tun könnte. Jeder der die Kunst des Handlesens in Bausch und Bogen als reinen Aberglauben abtut, begeht einen großen Fehler. Natürlich muss nicht alles, was zu diesem Thema geschrieben steht, der Weisheit letzter Schluss sein, doch das ist bei medizinischen oder wirtschafts-wissenschaftlichen Publikationen ebenso wenig der Fall. Geht man in einen Bücherladen und sucht etwas zum Thema Handlesen, wird man wahrscheinlich am ehesten in der Esoterik-Ecke fündig. Diese Vorabklassifizierung ist wohl mitverantwortlich dafür, dass die Handlesekunst in unserer angeblich so aufgeklärten Zeit von vielen als Aberglaube abgetan wird. Erschwerend kommt hinzu, dass sie mit Bezeichnungen arbeitet, die an die griechische Mythologie und an die Astrologie angelehnt sind. So tragen etwa die Finger Namen von Planeten (der kleine Finger heißt Merkur, der Ringfinger Apollo, der Mittelfinger Saturn und der Zeigefinger Jupiter), es gibt einen Mond- und einen Venusberg und – nur in einigen Händen - eine Persephonelinie. Zugegeben: Das mag dem einen oder anderen schon ein wenig überholt vorkommen. Vergessen Sie's einfach! Namen sind Schall und Rauch. Sie brauchen nicht an Astrologie zu glauben, im

Kaffeesatzlesen oder Pendeln bewandert sein. Sehen Sie sich ihre Hände (oder die Ihrer Kinder) an, lesen Sie, was die Chirologie, Chiromantie oder Handanalyse dazu schreibt und entscheiden Sie dann, ob all das Humbug ist oder nicht.

Bei der Vierfingerfurche verschmelzen Kopf- und Herzlinie zu einer Linie, die den ganzen Handteller durchschneidet. Sie kann sowohl in beiden als auch nur in einer Hand vorhanden sein.

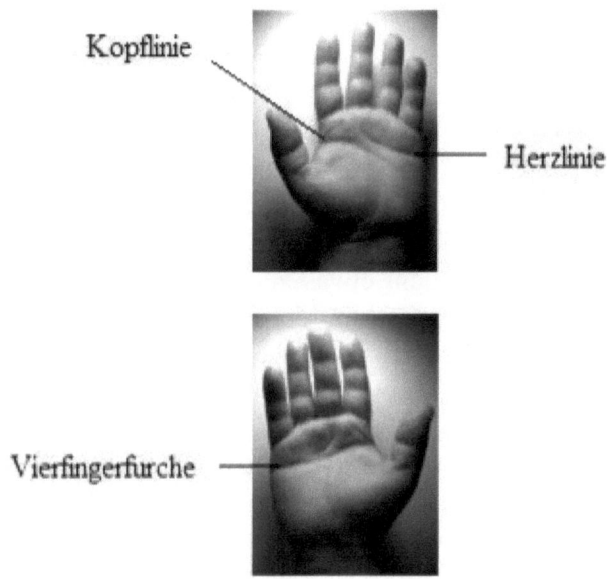

In der Gesamtbevölkerung ist die Vierfingerfurche relativ selten verbreitet, bei einer Reihe von Syndromen tritt sie hingegen gehäuft auf. Bei Wikipedia heißt es dazu:

"[...]Durchschnittlich 75 % aller Menschen mit einer Form der Trisomie (Verdreifachung eines Chromosoms oder von Chromosomenabschnitten) [...] haben in einer Hand-innenfläche oder an beiden Handinnenflächen eine Vierfingerfurche. [...] Im Gegensatz dazu kommen Vier-fingerfurchen in der Regelbevölkerung lediglich bei einem bis zwei von 100 Menschen vor. Überwiegend ist diese Form der Handlinienzeichnung bei Jungen bzw. Männern zu finden. [...] Das Merkmal einer Vierfingerfurche ist ohne weitere Symptome kein Hinweis auf eine Chromosomenbesonderheit oder eine kognitive Behinderung. [...]" [87]

Ein bis zwei Prozent der "Regelbevölkerung" und dann auch noch überwiegend Jungen bzw. Männer: Die Parallelen bezüglich der Auftretenshäufigkeit von Vierfingerfurche und Autismus (jedenfalls was neuere Angaben betrifft) nähren bei mir die Vermutung, dass beides in einem Zusammenhang stehen könnte. Diese Vermutung erhärtete sich, als ich mich ein wenig mit dem Handlesen beschäftigte. Ein Übriges taten persönliche Beobachtungen, die ich gemacht habe, nachdem ich auf diese Besonderheit in der menschlichen Hand aufmerksam wurde.

Die Chiromantie schreibt den Eignern dieser Hände Eigenschaften wie Leidenschaftlichkeit, Hartnäckigkeit, Begeisterungsfähigkeit, gesteigerte Intensität, aber auch Kompromisslosigkeit oder Rechthaberei zu. Außerdem werden sie beschrieben als Menschen, die

---

87 https://de.wikipedia.org/wiki/Vierfingerfurche (Abgerufen: 29. Juni 2019, 13:57 UTC)

einen klaren Standpunkt haben, die sagen, was sie denken, genaue Vorstellungen davon haben, wie die Dinge zu sein haben, die ihre Energien bündeln, ein Faible für technische Geräte haben und die oft begeisterte Sammler sind, aber die sich schwer damit tun, ihre Gefühle in einer Weise auszudrücken, die für andere verständlich ist.

Auf den folgenden Text bin ich auf mehreren Internetseiten gestoßen; ich halte ihn für überaus interessant.

Die Vierfingerfurche im Handlesen

Im Bereich des Handlesens als angebliche Möglichkeit der Zukunftsvorhersage werden Menschen mit Vierfingerfurchen besondere Verhaltensweisen und Charaktereigenschaften zugesprochen, da Kopf- und Herzlinie in direkter Verbindung miteinander stehen. In der chiromantischen Literatur sind im Gegensatz zur medizinischen Terminologie die Begriffe Sperrungslinie, Simian, Affen- oder Mongoloidenfurche für die Vierfingerfurche immer noch im Gebrauch.

Obwohl die Vierfingerfurche nur selten wie aus einem Guss von Handrand zu Handrand verläuft - meistens setzt sie sich aus verschiedenen Linienstücken zusammen oder weist Verzweigungen nach oben oder unten auf - bleibt chiromantisch ihre Wirkung als Sperrungslinie erhalten.

Diese Linie ist bei chiromantischen Laien unter anderem deswegen berüchtigt, weil sie auch bei vielen Menschen mit Down-Syndrom zu finden ist.

Die traditionelle Handleseliteratur schreibt Menschen mit einer solchen Sperrungslinie Eigenschaften wie

Rechthaberei, Fanatismus, Streitsucht, gewaltsamer Tod, Mord, Eifersucht, Egoismus, Selbstüberschätzung, Tyrannei und Kopflastigkeit zu. Im Mittelalter wurden Menschen mit einer solchen Linie der Hexerei und Hellseherei beschuldigt. Das kann in gewissermaßen nachvollzogen werden, wenn man bedenkt, dass der Bereich zwischen Herz- und Kopflinie, der Handtisch, für den Hang zur Esoterik steht. Bei dem Zusammentreffen von den beiden Linien würde die Funktion des Handtisches auf die Vierfingerfurche übertragen werden und sich somit im Bereich der Herzlinie und der Kopflinie "ausleben".

Die Sperrungslinie vereinigt also nun Kopf- und Herzlinie. Während die Linien bei den meisten Menschen als benachbarten Linien in entgegengesetzten „Flussrichtungen" laufen; d. h. die aktive Kopflinie von der Daumenseite zur Handkante und die rezeptive Herzlinie von der Handkante zur Daumenseite. Dadurch bildet sich, auf subtiler Ebene gedacht, in der Zwischenzone von Kopf- und Herzlinie ein kreis- oder wirbelförmiges Energiemuster. Dieses soll zentrierend auf die Persönlichkeit wirken. Die chinesische Chiromantik nennt diesen Bereich bezeichnenderweise „Ming Trang", Saal der Audienz. Wie in der Lehre des Feng-Shui die Energien eines Hauses in ihrem Zentrum zusammenlaufen und im chinesischen Kaiserpalast der Herrscher dort seine Untertanen und die Staatsgäste empfing, konzentriert sich für die Chiromantiker in diesem Handbereich normalerweise die Energie.

Nicht so in der Hand mit Vierfingerfurche. Durch die Vereinigung der Kopf- und Herzlinie in eine einzelne Gerade, soll die Energie in der Handfläche und entsprechend die Persönlichkeit aus dem natürlich *zentrierten Gleichgewicht geraten. Die ruhende Mitte - das Yin - geht zugunsten einseitigen Yangs - geradliniger Bewegungsrichtung - verloren. Der Besitzer einer solchen Hand soll folglich keine innere Ruhe entwickeln können. Er ist bildlich gesehen „außer-sich". Dies hat zur Folge, dass gemäß Chiromantik für einen solchen Menschen eine realistische Selbsteinschätzung schwierig ist. Er soll zwischen Selbstüberschätzung und Minderwertigkeitsgefühlen hin und her pendeln, da Widersprüchlichkeit, fehlendes Maß, unvermittelte Kehrtwendungen und dramatische Umbrüche seine Persönlichkeit charakterisieren. Die Umwelt wird gezwungen, der Vorstellung zu entsprechen (= als Stellvertreter des lieben Gottes wird die Welt „frisch nachkomponiert"). Es geschehen geistige Übergriffe gegenüber der Umwelt, denn man muss aus fehlender Gewissheit überzeugen und wird indirekt Macht ausgeübt. Fremdes Empfinden, Seelen werden in Besitz genommen, - mit einem Sog, der für das Empfinden anderer lähmend sein kann. Oft findet sich die Simianlinie nur in einer Hand. Liegt sie in der Rechten, soll sich dies in den öffentlichen Lebensbereichen des Linieneigners deutlicher bemerkbar machen. Die vorstellungsfixierte und kompromisslose Haltung soll sich dann auf die Bereiche Ausbildung, Arbeit, Karriere und gesellschaftliche Position beziehen.*

Die Kunst des Handlesens ist einige tausend Jahre alt – die Pioniere der Autismusforschung, Kanner und Asperger, hingegen machten ihre bahnbrechenden Entdeckungen erst in den vierziger Jahren des vorigen Jahrhunderts. Vieles von dem, was in diesem Text über die Vierfingerfurche steht, könnte genauso gut auch eine Beschreibung sein, mit der ein Nichtautist einen Asperger-Autisten charakterisiert.

*"[...]Rechthaberei, Fanatismus, Streitsucht, gewaltsamer
Tod, Mord, Eifersucht, Egoismus, Selbstüberschätzung,
Tyrannei und Kopflastigkeit[...]"*

und

*"[...]Seelen werden in Besitz genommen, - mit einem Sog,
der für das Empfinden anderer lähmend sein kann.[...]"*

Die permanente Beschäftigung mit diversen Spezialgebieten, die für
Autisten charakteristisch ist, wird von Nichtautisten beinahe
zwangsläufig als Kopflastigkeit gedeutet. Hat diese sogenannte
Kopflastigkeit dann dem davon Betroffenen zu einem veritablen
Wissensvorsprung gegenüber dem weniger Kopflastigen beschert,
können daraus schnell Verhaltensweisen erwachsen, die Nichtautisten
als Rechthaberei oder Fanatismus interpretieren. Das Bestehen auf
regelmäßig gleichbleibende Abläufe, auf die Autisten angewiesen sind,
die jedoch Nichtautisten völlig übertrieben, willkürlich und absurd
erscheinen mögen, sind bestens dazu geeignet, dem Autisten Streitsucht
zu unterstellen. Hat sich ein Nichtautist den Bedürfnissen eines
Autisten über längere Zeit unter Verleugnung eigener Interessen
angepasst und erwartet von diesem, dass er auch einmal ein wenig
zurücksteht, wird er bei Nichterfüllung dieser Erwartung dem Autisten
Egoismus und Tyrannei bescheinigen. Und diese Erwartung wird sich
höchstwahrscheinlich nicht erfüllen, weil der Autist kaum
mitbekommen haben dürfte, dass es da jemanden gab, der seine
Bedürfnisse zurückgestellt hat, und falls er darauf aufmerksam gemacht
wurde, wird dies schnell in Vergessenheit geraten sein, sobald er sich
wieder auf etwas anderes fokussiert hat. Sollten die so entstandenen
Spannungen für einen der Beteiligten, ob Autist oder Nichtautist, nicht

mehr auszuhalten sein, könnten Übergriffe die Folge sein, die im Extremfall zu Mord bzw. dem gewaltsamen Tod für einen der Beteiligten führen können.

"[...]Durch die Vereinigung der Kopf- und Herzlinie in eine einzelne Gerade, soll die Energie in der Handfläche und entsprechend die Persönlichkeit aus dem natürlich zentrierten Gleichgewicht geraten. Die ruhende Mitte - das Yin - geht zugunsten einseitigen Yangs - geradliniger Bewegungsrichtung – verloren.[...]"

Was die Chinesen mit dem Gleichgewicht von Yin und Yang beschreiben, könnte als Entsprechung dessen aufgefasst werden, was in der modernen Neurowissenschaft als Gleichgewicht von Exzitatorik und Inhibitorik gilt. Ying entspricht der Wirkung von erregenden (exzitatorischen) und Yang der von hemmenden (inhibitorischen) Neurotransmittern. Bei Autisten ist das Gleichgewicht gestört; die Exzitatorik dominiert gewissermaßen die Inhibitorik.

"[...]Der Besitzer einer solchen Hand soll folglich keine innere Ruhe entwickeln können. Er ist bildlich gesehen „außer-sich". Dies hat zur Folge, dass gemäß Chiromantik für einen solchen Menschen eine realistische Selbsteinschätzung schwierig ist.[...]"

Gerade keine innere Ruhe entwickeln zu können, ist ein Wesensmerkmal von Menschen mit ADHS und Autismus.

"[...]Er soll zwischen Selbstüberschätzung und Minderwertigkeits-gefühlen hin und her pendeln, da Widersprüchlichkeit, fehlendes Maß, unvermittelte Kehrtwendungen und dramatische Umbrüche seine Persönlichkeit charakterisieren.[...]"

Wer sich einzig und allein aufgrund seines angeeigneten Fachwissens an eine Aufgabe heranwagt, ohne das Beziehungsgeflecht zu berücksichtigen, in dem diese Aufgabe eingebettet ist, der läuft Gefahr, sich zu überschätzen. Das Beziehungsgeflecht berücksichtigen kann aber nur, wer einen gewissen Weitblick an den Tag legen kann. Bei Autisten liegt das Beziehungsgeflecht jedoch meistens im Wahrnehmungs-Nichts, jedenfalls solange sie ihren Fokus nicht auf Einzelheiten des Beziehungsgeflechts legen. Tun sie dies, dann sind wiederum andere Aspekte des Beziehungsgeflechts im Wahrnehmung-Nichts und nicht selten auch die Aufgabe an sich. So lassen sich auch die unvermittelten Kehrtwendungen, das fehlende Maß und die dramatischen Umbrüche erklären: Wer Änderungen, die im Beziehungsgeflecht eintreten, nicht bemerkt, weil all seine Aufmerksamkeit nur auf einen Teil (oder einige wenige Teile) des Geflechts gebündelt ist, kann sich abzeichnende Veränderungen kaum wahrnehmen. Wer sich aber nicht beizeiten auf sich ändernde Bedingungen einzustellen vermag, einfach weil er sie nicht bemerkt, wird früher oder später schlagartig mit der neuen Realität konfrontiert. Deshalb sind viele Autisten auch gut in Naturwissenschaften, Mathematik und Computersprachen – all diese Disziplinen erfordern tiefes Eindringen in die Materie, sind andererseits aber größtenteils deterministisch. Jemand, der ein brillanter Mathematiker ist, kann durchaus daran scheitern, etwa einen Dienstplan für eine größere Anzahl von Mitarbeitern zu schreiben, vor allem, wenn mehrere unterschiedliche Aspekte gleichzeitig zu berücksichtigen sind (z. B. plötzliche Ausfälle eingeplanter Mitarbeiter, Änderungen der

Auftragslage, unvorhersehbare technische Defekte an Maschinen, die Betriebsbesichtigung potenzieller Auftraggeber und zudem noch Aspekte einer möglichst gerechten Verteilung von Aufgaben unter den Mitarbeitern). Ein derartiges Chaos in den Griff zu bekommen erfordert eben nicht nur Fachwissen und die Fähigkeit, mit Zahlen umzugehen, sondern es erfordert zudem Flexibilität und Kreativität.

"[...]Die Umwelt wird gezwungen, der Vorstellung zu entsprechen (= als Stellvertreter des lieben Gottes wird die Welt 'frisch nachkomponiert').[...]"

Es ist eine Eigenschaft des menschlichen Geistes, die eigene Vorstellung dazu zu nutzen, Geschehnisse, die er nicht vollständig erfassen kann, zu einem ihm stimmig erscheinenden Bild zu vervollständigen. So dachte man beispielsweise in früheren Zeiten, die Erde sei eine Scheibe und die Sterne würden an einer Art Glocke hängen, die sich über diese Scheibe wölbt. Diese Zeiten sind lange vorbei, dennoch ersetzt der menschliche Geist nach wie vor Nichtwissen durch Vorstellung bzw. Glaube. An Institutionen, die zu wissen vorgeben, was nach dem Tod mit uns passiert, herrscht nun wahrlich kein Mangel – tatsächlich wissen tut dies allerdings niemand. Je weiter ein Blick (je kleiner also das Wahrnehmungs-Nichts) ist, mit dem ein Mensch die Geschehnisse wahrnimmt, desto geringer wird der Anteil sein, den er zur Vervollständigung seines Weltbildes durch die Vorstellung ersetzen muss. Er kann Dinge mit einbeziehen, die bei Menschen mit einem engeren Wahrnehmungs-Kanal in deren Wahrnehmungs-Nichts liegen und demzufolge durch die Vorstellung ersetzt werden. Weil aber in aller Regel selbst die oberflächlichste Wahrnehmung einer äußert präzisen, aber durch nichts gerechtfertigten Vorstellung überlegen ist, läuft der mit Weitblick Ausgestattete seltener Gefahr, den Bezug zur Realität zu verlieren. Derjenige, dem dieser

Weitblick abgeht, wird nicht einfach von seiner Vorstellung abrücken, sobald er eine Diskrepanz zwischen ihr und der Realität feststellt; eher wird er den Grund für die Diskrepanz in der Unzulänglichkeit der anderen vermuten und deshalb seinem Umfeld ein bisschen auf die Sprünge helfen wollen. Je nachdem, wie weit sich sein Umfeld ihm anpasst, wird es entweder gezwungen, seiner Vorstellung zu entsprechen oder aber es kommt zu Streit, Tyrannei oder gar noch zu Heftigerem.

Träger der Vierfingerfurche kommen in diesem Text nun wahrlich nicht besonders gut weg. Doch in der Literatur über die Kunst des Handlesens gibt es auch Stimmen, die diese Linie in etwas günstigerem Licht erscheinen lassen. Bei der Handanalyse nach Richard Unger wird sie als eines unter mehreren Begabungszeichen (!!!) geführt, das dem Handeigner einerseits gesteigerte Intensität, große Energie, einen klaren Standpunkt, Hartnäckigkeit und Kompromisslosigkeit attestiert, ihn andererseits aber als Mensch beschreibt, dem es schwerfällt, seine Gefühle in einer für sein Umfeld verständlichen Weise zum Ausdruck zu bringen und der einfach nicht verstehen kann, dass andere weniger Energie haben als er.[88] Ferner wird der Träger der Vierfingerfurche als Mensch charakterisiert, der nicht zu bremsen ist und der, sollte er etwas ändern wollen, dies sofort in die Tat umsetzen will.

Nathaniel Altman[89] bescheinigt Trägern der Vierfingerfurche die Fähigkeit, ein Sache bis zum Ende durchzustehen, beschreibt sie aber auch als unberechenbare, emotional unausgeglichene Menschen, deren Geist und Persönlichkeit intensiviert sind.

Peter West[90] beschreibt sie als erfolgreiche Sammler, die kein

88 vgl. Alice Funk Handanalyse Ein Wegweiser bei wichtigen Lebensentscheidungen, Kailash 2006, und
   Alice Funk Handlesen the easy way, Goldmann Arkana 2009
89 Nathaniel Altman Die Praxis des Handlesens Ein Ratgeber zur psychologischen Handanalyse, Knaur 1987
90 Peter West Der illustrierte Ratgeber Handlesen Grundlagen und Praxis der

Mittelmaß kennen und technische Geräte lieben. Desweiteren charakterisiert er sie als entschlossene Menschen, die mit der gleichen Intensität lieben und hassen, die nicht lange stillsitzen können und sich wie kleine Kinder benehmen, wenn sie nicht bekommen, was sie wollen. Sehr interessant ist auch, was er über Leute schreibt, bei denen die Vierfingerfurche nur in der linken Hand zu finden ist.

> *"[...]Wenn nur in der linken Hand eine Affenlinie zu sehen ist, arbeitet der Betreffende vermutlich schubweise, gibt an einem Tag alles, am nächsten nichts.[...]"*

Genau diese Verhaltensweise ist auch für Autisten typisch. Nach einer Phase, in der sie sich einer Sache zu 100 Prozent widmen, brauchen sie oft absolute Ruhe und suchen Rückzug. Sie tun etwas eben ganz oder gar nicht.

In einigen dieser Passagen scheint sich nicht nur die Sichtweise von Menschen ohne auf solche mit Vierfingerfurche widerzuspiegeln, sondern sie lassen, genau andersherum, den Blick auf die Welt und ihre Bewohner aus der Perspektive eines Vierfingerfurchen-Eigners erahnen. Wenn etwa, wie bei Alice Funk, davon die Rede ist, dass sie nicht verstehen können, dass andere weniger Energie haben als sie selbst, scheint dies die Wahrnehmung wiederzugeben, die jemand macht, der immer und überall merkt, dass andere bei der Bewältigung einer vergleichbaren Aufgabe bei weitem nicht die gleichen Maßstäbe an Perfektion und Vollständigkeit anlegen, wie er selbst es tut. Er mag der Meinung sein, dass er generell mehr Energie hat – die Frage ist aber, ob wirklich ein Mehr an Energie vorhanden ist, oder ob die Energien nur gebündelt werden, wie es bei Nathaniel Altmann heißt.

Bei meiner Internet-Recherche habe ich mir Homepages und

Handlesekunst, Köneman 2001

Forumeinträge sowohl von Autisten als auch von Menschen, deren Hände eine Vierfingerfurche aufweist, angesehen. Sehr oft wirkten sie für mich sehr ins Detail gehend und somit reichlich überfrachtet. Was aus meiner Sicht den Verfassern der Texte abgeht, ist die Fähigkeit, sich in jemanden hineinzuversetzen, der dies alles lesen müsste. Niemand hat unendlich viel Zeit, um sich mit allen erdenklichen Nebensächlichkeiten zu beschäftigen. Es sollte mich nicht wundern, wenn viele potenzielle Leser von der Fülle "erschlagen" wären und die Lektüre deshalb schnell abbrechen würden. Vielleicht wäre es besser, sich auf das Wesentliche zu beschränken. Aber das ist eben nur meine subjektive Sicht der Dinge. Und wer definiert eigentlich, was wesentlich ist und was nicht? Natürlich gibt es da keine einheitliche Definition. Was für mich wesentlich ist, kann von jemand anderem als unzureichend oder zu oberflächlich wahrgenommen werden. Das Weglassen von Details zugunsten der besseren Lesbarkeit eines Textes mag mir angebracht erscheinen. Jemand, bei dem die Lesbarkeit des Textes für andere Menschen im Wahrnehmungs-Nichts liegt, würde mir wahrscheinlich einfach nur Faulheit oder fehlende Energie unterstellen.

Bei Alice Funk ist auch die Rede davon, dass sich Menschen mit Vierfingerfurche oft ausgenutzt vorkommen. Wer den Anspruch hat, jede Aufgabe so anzugehen, dass am Ende nichts anderes als die 100-prozentige Erfüllung stehen kann, muss fast zwangsläufig zu dieser Auffassung kommen, wenn er immer wieder die Erfahrung macht, dass sich andere mit weniger begnügen. Ist nun aber dieser perfektionistische Anspruch die Folge der Unfähigkeit, die Rahmenbedingungen mit zu berücksichtigen oder abzuschätzen, in die jede Aufgabe eingebunden ist, einfach deshalb, weil diese Rahmenbedingungen beim betreffenden Menschen im Wahrnehmungs-Nichts liegen, kann er auch nicht differenzieren, ob der Grund für die vergleichsweise geringere Leistung der anderen Faulheit, Unzulänglichkeit, fehlender Perfektionismus oder die Einsicht ist, bei der Berücksichtigung der Gesamtzusammenhänge der gestellten

Aufgabe auch mit weniger Aufwand genüge zu tun. Möglich ist alles oder auch die Kombination aus mehreren Gründen. Jemand, bei dem die Rahmenbedingungen im Wahrnehmungs-Nichts liegen, kann das aber nicht abschätzen. Er denkt dann nicht in Graustufen, sondern in Schwarz-Weiß. Wenn er feststellt, dass andere weniger leisten als er und dass sein Mehraufwand keinerlei Früchte trägt, ist es nur zu verständlich, dass er sich ausgenutzt vorkommen muss. Er braucht eben eine Aufgabe, für deren Bewältigung Perfektionismus Voraussetzung ist und bei der er von der Notwendigkeit entbunden ist, Rahmenbedingungen abzuschätzen und mit einzubeziehen.

"Respekt davor, wie viel Arbeit du dir gemacht hast." "Es hat bestimmt wahnsinnig viel Zeit gebraucht, um das alles in dieser Ausführlichkeit zu behandeln." "Das nenne ich doch mal eine vollständige Abhandlung." So oder so ähnlich fallen viele Kommentare aus, auf die man trifft, wenn man ein wenig in Homepages, Forum-Einträgen oder Blogs von Autisten herumstöbert. Durchsucht man das Internet auf Beiträge von Personen, die sich als Träger der Vierfingerfurche outen, stößt man meistens auf dasselbe Phänomen. Da werden oft Lebensläufe bis ins letzte Detail ins Netz gestellt, sämtliche Noten aufgelistet, die bei irgendwelchen Abschlüssen erzielt worden sind, Name, Alter, Größe und Gewicht von Haustieren, die man besitzt oder je besessen hat, veröffentlicht oder diverse Tagesabläufe minutiös wiedergegeben. Hier prallen zwei (Wahrnehmungs-)Welten aufeinander. In der Welt der einen ist ein Sachverhalt nur dann vollständig beschrieben, wenn er alles einschließt, was man dazu zu sagen weiß, sei es das genaue Datum des Beginns und Endes eines Computerkurses, den man vor zehn Jahren gemacht hat (und der natürlich im Lebenslauf nicht fehlen darf), sei es das genaue Sterbedatum eines geliebtes Haustieres, das schon über zwei Jahrzehnte zurückliegt, sei es die lückenlose Auflistung und Beschreibung von Objekten irgendeiner Sammlung. Den meisten Verfassern solcher Texte dürften sich zu keinem Zeitpunkt die Frage gestellt haben, was sie in der vielen Zeit, die sie für die Ausarbeitung ihres Schriftstücks aufgewendet haben, alles hätten tun können: ins Schwimmbad gehen, ein Fußballspiel anschauen, die letzten sonnigen Tage des Herbstes genießen oder sich einfach nur volllaufen lassen. Und wer sich schon nicht fragt, was er selbst alles verpasst, der wird sich schon gleich gar nicht die Frage stellen, ob die Datenfülle dazu dient, den geneigten Leser bestmöglich zu informieren oder ob der Leser gerade wegen des Umfangs der Lektüre vielleicht gar nicht erst damit beginnt, sie in Angriff zu nehmen.

Tut es doch, so wird er, falls er der Mehrheit angehört, in deren Wahrnehmungswelt auch die Rahmenbedingungen, unter denen etwas geschieht, einen mehr oder weniger großen Platz einnehmen, glauben, der Verfasser des Textes hätte sich große Mühe gemacht und dafür auf vieles verzichtet. Mühe wird es sicherlich gemacht haben, bewusst verzichten aber kann man nur auf etwas, das sich in der eigenen Wahrnehmungswelt befindet.

Um nicht missverstanden zu werden: Keinesfalls kann man jedem Träger einer Vierfingerfurche unterstellen, ein Autist zu sein. Eine Reihe bedeutender Persönlichkeiten hatten oder haben eine: Napoleon Bonaparte, Winston Churchill, Martin Luther King, Tony Blair. Gewiss würde bei diesen Herrschaften niemand auf die Idee kommen, sie seien Autisten. Ich habe einige Leute kennengelernt, die eine Vierfingerfurche haben. Aus eigener Erfahrung kann ich sagen, dass bei fast allen von ihnen Teile der Beschreibung des Textes "Die Vierfingerfurche im Handlesen" zutrafen. Einige fielen mir wegen ihres guten Gedächtnisses, andere wegen ihrer Affinität zu Naturwissenschaften oder zur Informationstechnologien auf. Wiederum andere antworteten wie aus der Pistole geschossen, was auf eine schnelle Reizverarbeitung schließen lässt.

Sicher ist nicht jeder Vierfingerfurchenträger ein Autist und nicht bei jedem Autisten wird sich eine Vierfingerfurche in der Handfläche finden, die Übereinstimmungen sind aber doch so offensichtlich, dass die Vierfingerfurche bei Autisten sehr wahrscheinlich weitaus verbreiterter sein dürfte, als sie es in der Gesamtbevölkerung ist.

Bedenkt man, dass sich die Handlinien bereits in der 16. Schwangerschaftswoche ausbilden, bekommt man eine Vorstellung von der Determiniertheit menschlichen Verhaltens. Nicht etwa der sogenannte freie Wille ist es, der das Treiben auf unserem Planeten lenkt, sondern das uns innewohnende biologische Programm.
Physiognomie:

Ist das Vorhandensein der Vierfingerfurche als Indikator für möglichen Autismus schon nur unter Vorbehalt heranzuziehen, so gilt dies umso mehr für alles was im folgenden gesagt wird. Es geht dabei um eine physiognomische Besonderheit, von der ich glaube, dass sie mit Autismus in Verbindung stehen könnte.

Betrachtet man das Gesicht eines Menschen, wird man in der Regel feststellen, dass eine Gesichtshälfte größer ist als die andere. Meistens ist diese auch die ausdrucksstärkere der beiden. Manchmal lässt sich kaum ausmachen, welche der beiden die dominante Gesichtshälfte ist. Doch die Mehrheit der Bevölkerung hat eben kein solch ebenmäßiges Gesicht, sodass die Unterscheidung meist nicht sonderlich schwer fällt. Meine Beobachtungen lassen mich vermuten, dass bei vielen Autisten der Unterschied besonders ausgeprägt ist, und zwar dergestalt, dass die linke die klar dominante der beiden Gesichtshälften ist. Was hätte das zu bedeuten? Nun, wenn die rechte die deutlich kleinere der beiden Gesichtshälften ist und zudem ihre Mimik womöglich wesentlich weniger ausgeprägt, dann könnte dies ein Indiz dafür sein, dass beim betreffenden Menschen die linke Gehirnhälfte von der rechten dominiert wird.[91]. Ich habe dieses Merkmal sowohl in den Gesichtern einiger Autisten als auch in denen von Menschen gesehen, die durch Erkrankungen der Netzhaut erblindeten. Mir drängt sich die Vermutung auf, dass die Ursache dafür vorhandene Schäden bzw. die Unterentwicklung der linken Gehirnhälfte sein könnte. Das könnte auch die Ergebnisse der Studie von 1975 erklären, bei der die linke

---

91 Die linke Gehirn- steuert die rechte Körperhälfte, die rechte Gehirn- die linke Körperhälfte

Gehirnhälfte bei 15 von 17 autistischen Kindern Schäden aufwies.

Oftmals wirken Autisten auf Außenstehende traurig, teilnahmslos oder schläfrig. Meist ist dies jedoch eine Fehlinterpretation, die daher rührt, dass traurige, teilnahmslose oder schläfrige Menschen normalerweise eine reduzierte Mimik zeigen. Die reduzierte Mimik vieler Autisten ist aber allem Anschein nach hirnorganisch verursacht.

Fazit

Wahrscheinlich ist die Frage, ob Autismus eine Behinderung oder eine Begabung ist, am zutreffendsten mit sowohl als auch zu beantworten. Die Behinderung ist der Preis für die Begabung. Behinderung und Begabung bedingen einander und sind auf eine gemeinsame Ursache zurückzuführen: der Dominanz der Exzitatorik über die Inhibitorik. Dies führt zu einer weit überdurchschnittlichen Wahrnehmungsschärfe auf der einen Seite und auf der anderen, bedingt durch die biologischen Grenzen, die der menschlichen Aufmerksamkeit nun einmal gesetzt sind, zu einer ebenso überdurchschnittlichen Einengung der Wahrnehmung auf die Dinge, auf die sich die Aufmerksamkeit in einem bestimmten Moment richtet. Weder Behinderung noch Begabung sind für sich genommen existent, sondern sie offenbaren sich erst im Vergleich zur übrigen Bevölkerung. Bei der überwiegenden Mehrheit der Bevölkerung aber ist die Wahrnehmung weitaus weniger scharf und deshalb auch weniger stark eingeengt. Die für Autisten typische Einengung der Wahrnehmung ist für Nichtautisten aber wesentlich offensichtlicher erkennbar als deren erhöhte Wahrnehmungsschärfe. Das Nichtmitbekommenkönnen von Dingen, die weniger fokussierte Menschen am Rande noch registrieren, wird von eben jenen dann als Mangel, Störung, Behinderung, Krankheit oder zumindest als ein Leben in einer eigenen Welt interpretiert. In einer Welt, in der Autisten die Bevölkerungsmehrheit stellen würden, wäre es die für Nichtautisten typische geringere Wahrnehmungsschärfe, die in den Augen eben dieser Mehrheit ein Mangel, eine Krankheit, eine Behinderung oder Störung darstellen würde. Die Einengung der Wahrnehmung hingegen wäre der Normalfall und würde überhaupt nicht als solche aufgefasst werden. Aber in unserer Welt ist dies eben nicht so. Doch auch die Mehrheit in unserer Welt wäre schlecht beraten, sich in der irrigen Annahme zu wähnen, die eigene Wahrnehmung unterläge kaum einer Einschränkung. Das, was ich in diesem Buch das "Wahrnehmungs-Nichts" genannt habe, ist bei jedem Menschen weitaus gewaltiger, als es sich die meisten von uns einzugestehen bereit wären. Und dieser Umstand wird von interessierten Kreisen genutzt, um uns in einem Gesellschaftssystem gefangen zu halten, das Spielregeln unterworfen ist, von deren Existenz die meisten Menschen, ungeachtet ihrer mehr oder weniger eingeengten Wahrnehmung, nichts ahnen.